JN271669

金融商品取引法等の
一部を改正する法律
(平成25年法律第45号)の概要

一般社団法人 **金融財政事情研究会**［編］

一般社団法人 **金融財政事情研究会**

はしがき

　金融商品取引法については、2008年以降、毎年法改正を積み重ねており、その改正作業は、内外の金融市場で生起している諸事象を、「円滑な金融機能・市場機能の発揮」、「金融システムの安定性向上」、「利用者・投資者保護の充実」といった同法の基本的ミッションに照らして解釈し、法令の手直しとして受け止める継続的プロセスとなっている。

　また、もともと金融商品取引法が投資サービス全体を視野に入れた間口の広い建て付けを指向してきたとの経緯もあり、同法の改正は関係する他法令の改正と一体的な形で検討・実施されることが多くなっている。

　2013年においても、金融商品取引法について、
①　公募増資インサイダー取引事案等を踏まえたインサイダー取引規制の見直し（情報伝達・取引推奨行為に対する規制の導入など）
②　AIJ事案を踏まえた資産運用規制の見直し（運用報告書の虚偽記載等の不正行為に対する罰則強化など。なお、この見直しは、金商法（資産運用業）の改正のみならず、信託業法や保険業法の改正と併せて行われている。）
③　リーマン・ショックなど金融市場を通じて伝播する、いわゆる「市場型金融危機」に対応するための金融機関の秩序ある処理の枠組みの導入、
④　銀行等による資本性資金の供給強化（いわゆる「5％ルール」の見直し）等
⑤　金融審議会「投資信託・投資法人法制の見直しに関するワーキング・グループ」報告（平成24年12月12日公表）を踏まえた投資法人の資金調達・資本政策手段の多様化等
といった広範な施策を盛り込んだ法改正が行われている。

　このような法改正は、実務界、学界をはじめとする内外の関係者の方々と当局との対話の産物であり、その内容は各界の方々との御議論・インプットに多くを負っている。本書は、それぞれの項目の担当官が、今回の法改正プ

ロセスを振り返って整理したものであり、本書が実務に携わっている方々の一助になることを通じて、制度の円滑な運用・定着、さらには将来の対話に資することを期待している。

　本書の出版に当たっては、金融法務編集部の稲葉智洋氏に多大な御尽力をいただいており、この場を借りて御礼申し上げます。なお、文中、意見にわたる部分については、各筆者の個人的な見解であることを申し添えたい。

2014年4月

　　　　　　　　　　　　　　　　　　　　　　　　古澤　知之
　　　　　　　　　　　　　　　　　　　　　　　　藤本　拓資
　　　　　　　　　　　　　　　　　　　　　　　　栗田　照久

執筆担当一覧 （肩書きは「金融法務事情」論考掲載当時）

○ 金融商品取引法等の一部を改正する法律の概要
　　澤飯　敦　　金融庁監督局総務課金融会社室課長補佐
　　上島正道　　金融庁総務企画局市場課専門官
○ AIJ事案を踏まえた資産運用規制の見直し
　　西田勇樹　　金融庁総務企画局市場課課長補佐
　　滝　琢磨　　弁護士（前金融庁総務企画局市場課専門官）
　　上島正道　　金融庁総務企画局市場課専門官
　　安藤浩和　　財務省中国財務局理財部金融監督第一課長
　　　　　　　　（前金融庁総務企画局企画課信用制度参事官室課長補佐）
　　平尾彰史　　金融庁総務企画局企画課保険企画室課長補佐
○ 金融機関の秩序ある処理の枠組み（預金保険法等の一部改正）
　　梅村元史　　金融庁総務企画局企画課課長補佐
○ 銀行等による議決権保有規制、大口信用供与等規制、外国銀行支店に
　対する規制等の見直し──銀行法等の一部改正──
　　家根田正美　金融庁監督局総務課預金保険調整官
　　横山　玄　　財務省主計局文部科学係主査（前金融庁総務企画局企画課課長補佐）
　　梅村元史　　金融庁総務企画局企画課課長補佐
　　赤井啓人　　金融庁総務企画局企画課課長補佐
○ 公募増資に関連したインサイダー取引事案等を踏まえた対応
　　齊藤将彦　　金融庁総務企画局市場課課長補佐
　　滝　琢磨　　弁護士（前金融庁総務企画局市場課専門官）
　　上島正道　　金融庁総務企画局市場課専門官
　　山辺紘太郎　金融庁総務企画局市場課専門官
○ 投資法人の資金調達・資本政策手段の多様化等
　　有賀正宏　　前金融庁総務企画局市場課課長補佐
　　大谷　潤　　金融庁総務企画局企業課開示課開示企画調整官
　　大矢和秀　　弁護士（前金融庁総務企画局企業開示課専門官）
　　小長谷章人　金融庁総務企画局市場課課長補佐
　　菅原史佳　　弁護士（前金融庁総務企画局市場課専門官）
　　谷口達哉　　金融庁総務企画局企業開示課専門官
　　谷本大輔　　弁護士（前金融庁総務企画局市場課専門官）
　　樋口　彰　　金融庁総務企画局企業開示課専門官
　　御厨景子　　金融庁総務企画局市場課課長補佐

※各論考の扉部分に掲げた肩書きも「金融法務事情」
　1975号〜1980号にて論考掲載当時のものです

目 次

- 金融商品取引法等の一部を改正する法律の概要 ………… 2

- AIJ事案を踏まえた資産運用規制の見直し ……………24

- 金融機関の秩序ある処理の枠組み（預金保険法等の一部改正）……………………………………………………………38

- 銀行等による議決権保有規制、大口信用供与等規制、外国銀行支店に対する規制等の見直し――銀行法等の一部改正――………………………………………………………………86

- 公募増資に関連したインサイダー取引事案等を踏まえた対応 ……………………………………………………………… 114

- 投資法人の資金調達・資本政策手段の多様化等 ………… 146

金融商品取引法等の一部を改正する法律の概要

金融庁監督局総務課金融会社室課長補佐　澤飯　敦
金融庁総務企画局市場課専門官　上島正道

1 はじめに

　先般の金融危機に関わる諸問題を踏まえ、市場型金融危機への対応、金融資本市場・金融業の信頼性回復・機能強化を図ることが重要な課題となっている。

　このような状況を踏まえ、金融システムの信頼性および安定性を高めるため、①公募増資インサイダー取引事案等を踏まえた対応、②AIJ投資顧問株式会社（以下「AIJ」という）事案を踏まえた資産運用規制の見直し、③金融機関の秩序ある処理の枠組み、④銀行等による資本性資金の供給強化等、⑤投資法人の資金調達・資本政策手段の多様化等に係る施策を盛り込んだ「金融商品取引法等の一部を改正する法律案」が、平成25年4月16日に第183回国会（常会）に提出された。その後、国会における審議を経て、6月12日に成立、同月19日に公布された。

　本稿においては、今般の改正の背景・経緯、改正の概要および施行に向けた今後のスケジュールについて解説を行うこととし、各改正項目の詳細等については、次号以降、個別に解説することとしたい。なお、本文中、意見にわたる部分については、筆者の個人的見解であることを申し添えたい。

2 改正の経緯

　リーマンショック後の金融危機に際して、内外で不正行為やリスクに対する脆弱性が顕在化したことを踏まえ、金融資本市場・金融業の安定性・信頼性を回復し、さらにその機能強化を図る必要がある。

　具体的には、以下の対応等を通じ、金融資本市場および金融業の信頼性回復、機能強化を図る必要がある。

　　①　リーマンショック等、金融市場を通じて伝播し、実体経済に深刻な影響を与える金融危機を防ぐため、G20の合意等を踏まえ、金融機関の秩

序ある処理の枠組みを整備すること
② 金融危機の発生により市場環境が悪化した中で生じた公募増資インサイダー取引事案やAIJ事案等を踏まえ、インサイダー取引規制やその他の不正行為に対する罰則の強化を図ること
③ 資金調達環境が厳しい中にあっても、円滑な資金調達・資金供給のための手段を確保するため、投資法人の資金調達手段の拡大や銀行等による資本性資金の供給強化を図り、金融機能を強化すること

(1) 公募増資インサイダー取引事案等を踏まえた対応

　最近のインサイダー取引事案では、会社関係者等からの情報受領者が違反行為を行っているものが多く、また上場会社の公募増資に際し、引受証券会社からの情報漏洩に基づくインサイダー取引事案（いわゆる「公募増資インサイダー取引事案」）も生じている状況にある。これらの事案においては、資産運用業者が顧客の計算で違反行為を行った場合の課徴金額が違反抑止の観点から著しく低いとの課題も生じている。

　こうした状況を踏まえ、平成24年7月4日、金融担当大臣より金融審議会に対し、我が国市場の公正性・透明性に対する投資家の信頼を確保する観点から、インサイダー取引規制の見直しの検討について諮問が行われた。

　これを受けて、金融審議会金融分科会に設置された「インサイダー取引規制に関するワーキング・グループ」において、同月31日から計7回にわたり審議が行われ、同年12月25日に、報告書（「近年の違反事案及び金融・企業実務を踏まえたインサイダー取引規制をめぐる制度整備について」）が取りまとめられ、平成25年2月27日、金融審議会総会・金融分科会合同会合において報告・承認された。

(2) AIJ事案を踏まえた資産運用規制の見直し

　AIJは、年金基金等を顧客とする投資運用業者であったが、証券取引等監視委員会が平成24年1月から行った同社への検査の過程で、同社が顧客から

運用を委託された資産が毀損していることが判明した。

　証券取引等監視委員会の検査によると、AIJは、顧客である年金基金等から受託した資金について、同社が運用している外国籍ファンドに投資し、当該外国籍ファンドがデリバティブ取引等を通じ平成23年3月期までに多額の損失を出していたにもかかわらず、顧客等に対して、その事実を隠し、虚偽の基準価額等を報告していた。また、AIJは、当該外国籍ファンドの販売証券会社と一体となって、虚偽の基準価額や当該基準価額に基づく運用実態が記載されたリーフレットを配布し、投資一任契約の締結の勧誘を行っていたほか、顧客に対する虚偽の運用報告書の交付、虚偽の事業報告書の作成・当局への提出も行っていた。

　こうした問題を受けて、金融庁では、投資一任業務を行うすべての金融商品取引業者に対する一斉調査を実施し、その結果等を踏まえ、平成24年9月4日に、「AIJ投資顧問株式会社事案を踏まえた資産運用に係る規制・監督等の見直し（案）」を公表し意見募集に付した。当該「見直し（案）」においては、再発防止策として、①第三者（国内信託銀行等）によるチェックが有効に機能する仕組み、②運用報告書等の記載内容の拡充等、年金基金等の顧客が問題を発見しやすくする仕組み、③投資一任業者等の不正行為に対する罰則強化、④投資運用業者等に対する規制・監督・検査の強化に関する施策が盛り込まれた。

　金融庁は、寄せられた意見も踏まえ、法律改正を要する事項以外の事項について、同年12月13日に関係内閣府令・監督指針等の改正を行った（平成25年4月1日、同年7月1日施行）。

(3)　金融機関の秩序ある処理の枠組み

　リーマンブラザーズの破綻等に端を発した先般の国際的な金融危機の中で、システム上重要な金融機関（SIFIs）の破綻等が、金融市場を通じて伝播し、実体経済に深刻な影響を及ぼすおそれがあることが明らかとなった。

　その経験を踏まえ、金融機関が万一破綻に至るような場合においても、秩

序ある処理を可能とする枠組みを整備するための議論が国際的に進められ、平成23年10月には、金融安定理事会（FSB：Financial Stability Board）において「金融機関の実効的な破綻処理の枠組みの主要な特性」が策定され、同年11月のG20カンヌ・サミットにおいて、国際的に合意された。

　主要国では、こうした国際的な議論の進捗と並行して、金融機関の実効的な破綻処理に関する新たな包括的な枠組みの整備が進んでいる。

　我が国においても、こうした国際的な流れを踏まえ、平成24年5月29日に金融審議会金融分科会に設置された「金融システム安定等に資する銀行規制等の在り方に関するワーキング・グループ」において検討が行われ、金融機関の秩序ある処理に関する枠組みを整備する必要があるとの提言がなされた。

　これを受けて、平成25年1月25日、同ワーキング・グループの報告書（「金融システム安定等に資する銀行規制等の見直しについて」）が取りまとめられ、同年2月27日、金融審議会総会・金融分科会合同会合において報告・承認された。

(4) 銀行等による資本性資金の供給強化等

　国際的な金融資本市場に不安定要素が依然として存在している状況のもと、我が国の預金者保護や安定的な金融システムの構築をいかに図っていくかが重要な課題となっている。加えて、国際的な規制の基準に合わせ銀行の健全性を確保するための規制を見直すことも重要な課題である。

　我が国としては、国際的な潮流への対応の必要性の一方、国内の経済の一層の発展を図る観点からは、金融機関による中小企業等への資本性資金の供給促進や、我が国企業の海外進出の支援等、我が国金融業のさらなる機能強化に向け積極的な取組みを行うことも強く求められている。

　このような状況を踏まえ、平成24年4月11日、金融担当大臣は、金融審議会総会・金融分科会合同会合において、外国銀行支店に対する規制の在り方、大口信用供与等規制の在り方その他の金融システム安定のために必要な

措置についての検討や、我が国金融業のさらなる機能強化のための方策についての検討について諮問した。

これを受けて、前記「金融システム安定等に資する銀行規制等の在り方に関するワーキング・グループ」が設置され、同ワーキング・グループ報告書の取りまとめ、報告・承認がなされた。

なお、銀行等による議決権保有規制については、平成24年11月30日に閣議決定された「日本再生加速プログラム」において、金融機関における資本性資金の供給促進のため、金融機関の健全性維持を考慮しつつ、金融機関の出資規制の緩和を図ることとされ、平成25年1月11日に閣議決定された「日本経済再生に向けた緊急経済対策」においても、金融機関の出資規制の緩和等の既往の閣議決定事項を推進することが言及されている。

⑸ 投資法人の資金調達・資本政策手段の多様化等

平成22年6月18日に閣議決定された「新成長戦略～「元気な日本」復活のシナリオ～」、同年12月24日に公表された「金融資本市場及び金融産業の活性化等のためのアクションプラン」、および平成24年7月31日に閣議決定された「日本再生戦略」において、国民が資産を安心して有効に活用できる環境整備を図る観点から、投資信託・投資法人法制を見直し、平成25年度までに制度整備の実施を行うこととされた。

このような中、平成24年1月27日、金融担当大臣は、金融審議会に対し、①投資信託については、国際的な規制の動向や経済社会情勢の変化に応じた規制の柔軟化や一般投資家を念頭に置いた適切な商品供給の確保等、②投資法人については、資金調達手段の多様化を含めた財務基盤の安定性の向上や投資家からより信頼されるための運営や取引の透明性の確保等の2つの観点から、投資信託・投資法人法制の見直しについての検討を行うよう諮問した。

これを受けて、同年3月7日、金融審議会金融分科会に設置された「投資信託・投資法人法制の見直しに関するワーキング・グループ」において、同

月から計13回にわたり審議が行われ、同年12月7日に最終報告が取りまとめられ、平成25年2月27日、金融審議会総会・金融分科会合同会合において報告・承認された。

(6) 改正案の策定から公布まで

こうした各方面での議論・取組み等を踏まえつつ、法律上の手当てが必要なものについて、法律案の策定作業が進められ、①公募増資インサイダー取引事案等を踏まえた対応、②AIJ事案を踏まえた資産運用規制の見直し、③金融機関の秩序ある処理の枠組み、④銀行等による資本性資金の供給強化等、⑤投資法人の資金調達・資本政策手段の多様化等に係る施策を盛り込んだ「金融商品取引法等の一部を改正する法律案」が、平成25年4月16日に閣議決定され、同日国会に提出された。

第183回国会（常会）における同法律案は、衆議院において先議された。衆議院財務金融委員会における審議を経て、同年5月28日の衆議院本会議において賛成多数で可決され、参議院に送付された。その後、参議院財政金融委員会における審議を経て（参議院財政金融委員会においては、附帯決議[1]が付されている）、同年6月12日に参議院本会議において賛成多数で可決されたことをもって成立、同月19日に公布された（平成25年6月19日法律第45号。以下「改正法」という）。

3 改正の概要

(1) 改正の全体像

改正法は、金融システムの信頼性および安定性を高めるため、以下の措置を講ずるものである（図表参照）。

　a　公募増資インサイダー取引事案等を踏まえた対応として、①情報伝達・取引推奨行為に対する規制の導入、②資産運用業者が「他人の計算」で

違反行為を行った場合の課徴金額の引上げなどの措置を講ずる。

　b　AIJ事案を踏まえた資産運用規制の見直しとして、①不正行為に対する罰則の強化（投資一任業者等による運用報告書の虚偽記載等に対する罰則の引上げ）、②厚生年金基金が特定投資家（プロ）になるための要件の限定などの措置を講ずる。

　c　金融機関の秩序ある処理として、金融業全体（銀行、保険、証券、金融持株会社等）について、金融危機対応会議（内閣総理大臣（議長）、内閣官房長官、財務大臣、金融担当大臣、日本銀行総裁、金融庁長官で構成）を経て、①預金保険機構の監視等のもと、流動性供給等により重要な市場取引等を履行（必要に応じ、資金援助・資本増強）、②秩序ある処理に必要な措置（早期解約の制限等）等を講ずることを内容とする枠組みを整備する。

　d　銀行等による資本性資金の供給強化等として、①銀行等による議決権保有規制（いわゆる５％ルール）について、現行規制の枠組みを維持しつつ、事業再生や地域経済再活性化に資する効果が見込まれる場合に限り、規制を緩和、②その他銀行等に関する規制（大口信用供与等規制や外国銀行支

1　政府は次の事項について、十分配慮すべきである旨の附帯決議が付された。
　・「実体経済を支えつつ、成長産業として経済をリードするという我が国金融業が果たすべき役割を踏まえ、金融機能の安定、市場の公正、利用者の保護等に万全を期すとともに、我が国金融資本市場の国際的な魅力を高め、アジアのメインマーケットたる市場を実現するための取組を推進すること」
　・「公募増資に関連したインサイダー取引事案が、我が国市場の透明性、公正性に対する信頼を揺るがすものであることに鑑み、不公正な取引等を未然に防止するべく、自主規制機関や金融商品取引所を含めた関係者との連携を図りつつ、本法による規制の運用に万全を期すこと」
　・「AIJ投資顧問による年金資産運用問題と同種の事案の再発を防止するため、本法による罰則の強化等資産運用規制の見直しを厳正に運用するとともに、近時の事例等も踏まえ、本法による見直しの対象とならない業者への規制についても、実効性ある投資者保護に資する対策を引き続き検討すること」
　・「証券・金融と商品を一体として取り扱う総合的な取引所の創設が、我が国市場の国際競争力の強化及び利用者利便の向上を図るために重要な取組であることに鑑み、金融庁、農林水産省及び経済産業省が連携して、取引所等の関係者に対し一層の取組を促すなど、その早期実現に向けて取り組むこと」
　・「中小企業者等に対する金融の円滑化を図るための臨時措置に関する法律の期限到来後における中小企業の円滑化に関しては、関係省庁において取りまとめられた総合的な対策を引き続き推進するとともに、金融機関によるコンサルティング機能の一層の発揮と合わせて、株式会社地域経済活性化支援機構を始めとする関係機関との協力の下、中小企業者等の事業再生等に向けた取組の強化を図ること」

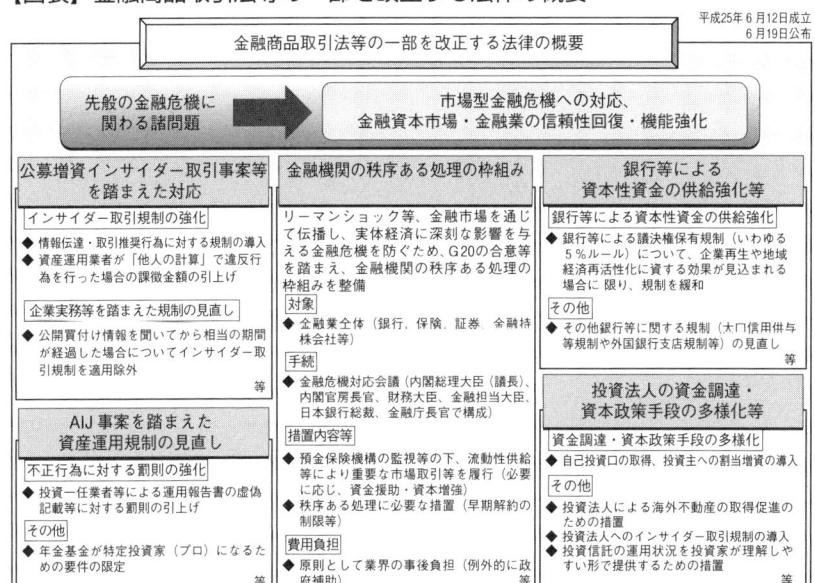

【図表】金融商品取引法等の一部を改正する法律の概要

平成25年6月12日成立
6月19日公布

金融商品取引法等の一部を改正する法律の概要

先般の金融危機に関わる諸問題 → 市場型金融危機への対応、金融資本市場・金融業の信頼性回復・機能強化

公募増資インサイダー取引事案等を踏まえた対応

インサイダー取引規制の強化
◆ 情報伝達・取引推奨行為に対する規制の導入
◆ 資産運用業者が「他人の計算」で違反行為を行った場合の課徴金額の引上げ

企業実務等を踏まえた規制の見直し
◆ 公開買付け情報を聞いてから相当の期間が経過した場合についてインサイダー取引規制を適用除外
等

AIJ事案を踏まえた資産運用規制の見直し

不正行為に対する罰則の強化
◆ 投資一任業者等による運用報告書の虚偽記載等に対する罰則の引上げ

その他
◆ 年金基金が特定投資家（プロ）になるための要件の限定
等

金融機関の秩序ある処理の枠組み

リーマンショック等、金融市場を通じて伝播し、実体経済に深刻な影響を与える金融危機を防ぐため、G20の合意等を踏まえ、金融機関の秩序ある処理の枠組みを整備

対象
◆ 金融業全体（銀行、保険、証券、金融持株会社等）

手続
◆ 金融危機対応会議（内閣総理大臣（議長）、内閣官房長官、財務大臣、金融担当大臣、日本銀行総裁、金融庁長官で構成）

措置内容
◆ 預金保険機構の監視の下、流動性供給等により重要な市場取引を履行（必要に応じ、資金援助・資本増強）
◆ 秩序ある処理に必要な措置（早期解約の制限等）

費用負担
◆ 原則として業界の事後負担（例外的に政府補助）
等

銀行等による資本性資金の供給強化等

銀行等による資本性資金の供給強化
◆ 銀行等による議決権保有規制（いわゆる5％ルール）について、企業再生や地域経済再活性化に資する効果が見込まれる場合に限り、規制を緩和

その他
◆ その他銀行等に関する規制（大口信用供与等規制や外国銀行支店規制等）の見直し
等

投資法人の資金調達・資本政策手段の多様化等

資金調達・資本政策手段の多様化
◆ 自己投資口の取得、投資主への割当増資の導入

その他
◆ 投資法人による海外不動産の取得促進のための措置
◆ 投資法人へのインサイダー取引規制の導入
◆ 投資信託の運用状況を投資家が理解しやすい形で提供するための措置
等

※金融庁HPより抜粋

店規制等）の見直しなどの措置を講ずる。

e 投資法人の資金調達・資本政策手段の多様化等のため、①自己投資口の取得、投資主への割当増資の導入、②その他（投資法人による海外不動産の取得促進のための措置、投資法人へのインサイダー取引規制の導入、投資信託の運用状況を投資家が理解しやすい形で提供するための措置等）の措置を講ずる。

各項目の改正の概要は、以下のとおりである。

(2) **公募増資インサイダー取引事案等を踏まえた対応**

a 情報伝達・取引推奨行為に対する規制の導入

情報受領者によるインサイダー取引に結び付く情報漏洩を防止し、かつ、企業の通常の業務・活動に支障が生じないようにする観点から、不正な情報

伝達・取引推奨行為を規制するため、①上場会社等の未公表の重要事実を知っている会社関係者（上場会社や主幹事証券会社の役職員）が、他人に対し、②重要事実の公表前に取引させることにより利益を得させ、または損失を回避する目的をもって、③情報伝達・取引推奨することを禁止し、実際にインサイダー取引等が行われた場合には刑事罰・課徴金の対象とすることとした。

　刑事罰については、違反行為者は5年以下の懲役もしくは500万円以下の罰金（または併科）の対象となり、法人は5億円以下の罰金刑の対象となる。

　また、課徴金については、証券会社等の違反の場合、情報受領者等から支払われる違反をした日の属する月の仲介業務に係る手数料（仲介手数料）に相当する額の3倍、さらに増資の引受業務に関わる違反の場合には、上述の仲介手数料に相当する額の3倍に加え、発行会社から受け取った引受手数料に相当する額の2分の1、②証券会社等以外の者の違反の場合、情報受領者等が取引により得た利得相当額の2分の1を賦課することとした。

b　資産運用業者の違反行為に対する課徴金の引上げ

　最近の違反事案を踏まえると、資産運用業者が「他人の計算」で違反行為を行った場合の現行の課徴金額は、違反行為に対する抑止効果が十分に期待できないものとなっているとの指摘がある。

　このため、改正法では、「違反行為が行われた月の運用報酬相当額の3倍」の額の課徴金を賦課することとした。

c　注意喚起のための氏名公表

　法令違反行為を行った一定の者について、証券会社や投資家に対する注意喚起の観点から、個人名等を公表できることとした。

　公表対象等の詳細は、内閣府令において定めることとしているが、具体的には、①情報伝達・取引推奨行為に対する規制に違反する行為に関わった証券会社等の役職員（補助的な役割を担った者を除く）、②取引上の立場を利用して未公表の重要事実を要求するなどにより、インサイダー取引を行った

者、③インサイダー取引等の不公正取引を反復して行った者等について、その氏名等を公表することとしている。

d 近年の金融・企業実務を踏まえたインサイダー取引規制の見直し

そのほか、近年の金融・企業実務を踏まえ、以下の見直しを行った。

(a) インサイダー取引規制の対象者の見直し

我が国の公開買付けに係る実務では、被買付企業は公開買付者等からの事前告知により、あらかじめ公開買付け等事実を知っていることが一般的であることを踏まえ、公開買付者等との契約または契約交渉がない場合でも、被買付企業は「公開買付者等関係者」に該当することとし、被買付企業からの情報受領者についてもインサイダー取引規制の適用対象とすることとした。

(b) 重要事実を知っている者同士の取引の適用除外

会社関係者によるインサイダー取引規制について、「第一次情報受領者」と「第二次情報受領者」との取引は適用除外の対象となっておらず、「第一次情報受領者」が保有株式を売却する際などに実務上の支障が生じているとの指摘があることを踏まえ、「会社関係者」または「第一次情報受領者」の間のみならず、「第一次情報受領者」と「第二次情報受領者」との間における市場外の取引等についてもインサイダー取引規制を適用除外することとした。

(c) 公開買付け等事実の伝達を受けた者の適用除外

公開買付者が、公開買付けの対象株式について、競合相手による買付けを阻止する目的で、当該競合相手に未公表の公開買付け等事実を伝達するといった、公正な競争・有価証券の円滑な取引を阻害する事案が生じているとの指摘がある。

これを踏まえ、公開買付者等関係者から未公表の公開買付け等事実の伝達を受けた者が、①情報受領者が自ら公開買付けを行おうとする際に当該伝達を受けた事実を「公開買付開始公告」において明らかにし、かつ、当該伝達を受けた事実を記載した「公開買付届出書」が公衆縦覧に供された場合、または、②情報受領者が伝達を受けてから6カ月以上経過した場合に行う買付

けは、インサイダー取引規制の適用除外の対象とすることとした。

(3) AIJ事案を踏まえた資産運用規制の見直し

a 罰則の引上げ

AIJ事案において、AIJおよび同社の代表者らは、投資一任契約の顧客である厚生年金基金等に対し、投資一任契約の締結に関し、偽計を用いたものとして告発・起訴された。

また、告発・起訴には至らなかったが、AIJは、投資一任契約の締結の勧誘において、虚偽の事実を告知している行為、虚偽の内容の運用報告書を顧客に交付する行為等を行っていたとして、投資運用業の登録取消し等の行政処分を受けた。

AIJ事案を契機として、違反行為に対する抑止力を高めるため、投資一任業者等による契約締結に係る偽計等について、表のとおり罰則を引き上げることとした。

b 厚生年金基金が特定投資家（プロ）になるための要件の限定等

顧客が金融商品取引法上の特定投資家として取り扱われることとなった場合には、金融商品取引業者等における当該顧客に対する情報格差の是正を目的とした行為規制が適用されないこととなる。

こうしたことも踏まえ、改正法では、厚生年金基金（運用等の体制が整備されているものを除く）については、当分の間、金融商品取引法34条の3第1項の規定（特定投資家になるための申出）を適用しないものとし、厚生年金基金が特定投資家（プロ）になるための要件を限定することとした。

(4) 金融機関の秩序ある処理の枠組み

a 対象金融機関

金融機関の秩序ある処理の対象となる金融機関等は、銀行・銀行持株会社等、保険会社・保険持株会社等、一定の金融商品取引業者・指定親会社等とされた。

【表】罰則の引上げ

投資一任契約の締結の偽計	現　行	懲役3年以下・罰金300万円以下（法人重課3億円以下）
	改正後	懲役5年以下・罰金500万円以下（法人重課5億円以下）
勧誘の際の虚偽告知	現　行	懲役1年以下・罰金100万円または300万円以下（法人重課なしまたは2億円以下）
	改正後	懲役3年以下・罰金300万円以下（法人重課3億円以下）[2]
運用報告書等の虚偽記載	現　行	懲役6月以下・罰金50万円以下（法人重課なし）
	改正後	懲役3年以下・罰金300万円以下（法人重課3億円以下）[3]

b　制度の枠組み

(a)　内閣総理大臣は、以下の措置が講ぜられなければ、我が国の金融市場その他の金融システムの著しい混乱が生ずるおそれがあると認めるときは、金融危機対応会議の議を経て、当該措置を講ずる必要がある旨の認定（特定認定）を行うことができることとした。

① 　特定第1号措置（債務超過の金融機関等を除く）

　　預金保険機構による特別監視および資金の貸付等または特定株式等の引受け等

② 　特定第2号措置（債務超過・債務超過のおそれまたは支払停止・支払停止のおそれがある金融機関等）

　　預金保険機構による特別監視および特定資金援助

なお、「内閣総理大臣は、特定認定を行おうとする場合等において、金融機関等が発行した一定の社債等について、当該金融機関等の自己資本等における取扱いを決定するものとする」とした。

(b)　金融機関の秩序ある処理を実効的かつ迅速に行うため、諸規定の整備を行うこととした。

---

[2]　管理型信託については、懲役1年以下・罰金300万円以下（法人重課2億円）に据置き。

[3]　管理型信託については、懲役1年以下・罰金300万円以下（法人重課2億円）に引上げ。また、生命保険会社の運用実績連動型保険契約について、運用報告書の交付義務を規定。

- 株主総会等の特別決議等に代わる許可（預金保険法126条の13関係）
- 回収等停止要請（同法126条の14関係）
- 破産手続開始の申立て等に係る内閣総理大臣の意見等（同法126条の15関係）
- 差押禁止動産等（同法126条の16関係）
- 特定合併等に係る破産法等の規定の適用関係（同法126条の33関係）
- 特定の債務の弁済のために必要とする資金の貸付および破産法等の特例等（同法127条の2、127条の4等関係）
- 資産の買取り（同法129条関係）
- 事業譲渡等における債権者保護手続の特例等（同法131条関係）
- 信託業務の承継における受託者の変更手続の特例（同法132条関係）
- 信託契約の委託者の地位の移転手続の特例等（同法132条の3等関係）
- 振替手続の特例（同法132条の4関係）
- 根抵当権の譲渡に係る特例等（同法133条の2等関係）
- 契約の解除等の効力（同法第137条の3関係）

(C) 金融機関等は、金融機関の秩序ある処理に係る費用に充てるため、預金保険機構に対し、特定負担金を納付しなければならないこととした。政府は、我が国の金融市場その他の金融システムの著しい混乱が生じるおそれがあると認められるときに限り、預金保険機構に対し、当該業務に要する費用の一部を補助することができることとした。

(5) 銀行等による資本性資金の供給強化等

a 銀行等による議決権保有規制（いわゆる5％ルール）の見直し

改正前の銀行法等においては、銀行等またはその子会社が国内の一般事業会社の議決権を合算して5％を超えて取得・保有することが原則として禁止されている。

他方、地域経済に資本性資金の出し手が不足している状況にかんがみ、資本性資金の出し手としての銀行等の役割が発揮され得る環境を整備すること

も、また重要な政策課題となっている。

　そこで、「金融システム安定等に資する銀行規制等の見直しについて」では、今般の５％ルールの見直しにあたっては、現行規制の枠組みを基本的に維持しつつ、地域経済において資本性資金の供給が真に必要とされる場合において、銀行等の健全性を確保しつつ、銀行等による資本性資金の供給をより柔軟に行い得るようにすることが適当であるとされた。

　本改正では、この趣旨を踏まえ、議決権保有の上限（５％）は維持する一方、事業再生や地域経済の再活性化等に資する効果が見込める場合において、銀行等による資本性資金の供給をより柔軟に行い得るようにするため、銀行等が投資専門子会社を通じることなく本体で事業再生会社を出資比率にかかわらず保有することを可能とするなど、所要の規定を整備することとした。

　ｂ　外国銀行支店に対する規制の見直し

　外国銀行支店に対しては、資本金に対応する規定が存在しておらず、また、金融機関等の更生手続の特例等に関する法律（以下「更生特例法」という）の適用対象外となっており、監督当局には、破産・更生手続等の開始の申立権や保全処分の申立権がなかった。

　さらに、資産の国内保有命令違反に対する罰則の100万円以下の過料については、実効性確保の観点から不十分との指摘があった。

　本改正では、外国銀行支店に対し、常時10億円を下回らない範囲内において政令で定める額以上（政令において、国内銀行の最低資本金に相当する20億円以上とする予定）の資本金に対応する資産を国内において保有していなければならないこととした。また、本改正では、外国銀行支店に係る外国銀行を更生特例法の適用対象とし、監督当局に破産・更生手続等の開始の申立権や保全処分の申立権を付与することとした。

　さらに、資産の国内保有命令違反に対する罰則を刑事罰に引き上げ、懲役１年以下または罰金300万円以下、法人重課２億円以下とすることとした。

　このほか、外国銀行支店の預金者に対して、預金保険制度の対象外である

こと等の説明を義務付ける。

c 大口信用供与等規制の見直し

大口信用供与等規制は、銀行資産の危険分散等の観点から、同一の者（同一のグループ）に対する信用供与等に上限を設ける規制であるが、我が国の規制は、規制の対象範囲を形式的に規律しているほか、国際基準（バーゼル・コア・プリンシプル）と乖離しており、国際通貨基金（IMF）のFSAP（Financial Sector Assessment Program：金融部門評価プログラム）においても規制の強化が求められていた。

そこで、本改正では、次のような国際基準に合わせる措置等（経過措置も設けられている）と併せて、規制の実効性確保のため、名義分割や迂回融資等による規制の潜脱を防止するための規定を新設した。

① 信用供与等の範囲について、銀行間取引（コールローン、預け金等）、コミットメントライン、デリバティブ取引、公募社債等を原則規制対象とすることとする（ただし、適用除外を今後検討する予定）。

② 信用供与等の限度額（受信者グループ）について、銀行（グループ）の自己資本の40％を25％に引き下げることとする。

③ 受信側グループの範囲について、議決権50％超の形式的支配関係のほか、連結財務諸表の作成義務がある大会社等の受信者のグループには、経済的な相互関連性に基づき、実質支配力基準の子会社や影響力基準の関連会社を加えることとする。

(6) 投資法人の資金調達・資本政策手段の多様化等

a 投資信託法制の見直し

(a) 投資信託の併合手続の簡素化等

投資信託の併合、または約款の重大な内容の変更を行う場合には、当該投資信託の受益者による書面決議を要することとされている。この点、投資信託の併合にあたり常に双方の投資信託において書面決議を要することは、非効率な小規模投資信託を存続させ、ひいては経費率の上昇を通じて受益者の

利益を害しているおそれがあると指摘されている。また、投資信託の書面決議において受益者数要件（議決権を有することができる受益者の半数以上の賛成が必要）が設けられているのは、多数の議決権を有する少人数の大口投資者の利益が、その他大多数の小口投資者の利益と相反する場合において小口投資者の利益を保護するためであると考えられるが、投資信託においては、大口投資者と小口投資者の利益相反が生じること自体が基本的には考えにくいと指摘されている。さらに、書面決議に反対した受益者（反対受益者）は受託者に対し自己の受益権の買取請求ができるとされているが、基準価額が毎日算出され、当該価格による償還が随時可能なオープンエンド型投資信託においては、受益者は随時解約請求を行うことが可能であるため、反対受益者に対し、受益権買取請求権を付与して投下資本の回収機会を追加的に設定しなくても反対受益者に与える不利益は乏しいと指摘されている。

　そこで、本改正では、投資信託の併合等を促進する観点から、①併合が受益者の利益に及ぼす影響が軽微なものであるときは、当該併合に関する書面決議を不要とすることとし、②書面決議における受益者数要件を撤廃し、受益者の議決権の３分の２以上の賛成のみをもって書面決議ができることとした。また、③投資信託の信託契約期間中に受益者が当該投資信託の元本の償還を請求したときに投資信託委託会社が当該投資信託契約の一部を解約することにより当該請求に応じることとする投資信託のうち受益者の保護に欠けるおそれがないものについては、反対受益者の受益権買取請求の規定の適用を除外することとした。

(b)　投資家への情報提供の充実等

　投資信託の受益者に交付される運用報告書は、受益者の投資判断にあたって重要な情報を掲載しているものであるが、数百頁にも及ぶこともあるため、情報の取捨選択が困難であると指摘されており、また、書面での交付が原則であるため、運用会社には多大なコストが発生していると指摘されている。

　そこで、本改正では、投資信託委託会社に対し、運用報告書のうちきわめ

て重要な事項を記載した書面（交付運用報告書）を作成し、受益者に交付することを新たに義務付けるとともに、運用報告書（全体版）については、約款で定められている場合には、電磁的方法で提供できることとした（ただし、受託者から請求があった場合には書面で交付しなければならない）。

(c) MRF等の安定的な運用に資する措置

MRF（マネー・リザーブ・ファンド）、MMF（マネー・マネジメント・ファンド）は、いずれも短期の公社債を中心に運用する投資信託で、投資信託協会の規則により安定運営のための投資制限が定められている等、安全性が高いといわれている。このようなMRF等は、1口当りの基準価額を変動させることはなく、基本的に1口1円に固定する商品設計となっているが、保有債券の突発的な価値の下落等により基準価額を維持できずに1円を割り込む場合も生じ得る。そうした場合、MRF等を適時に現金化できず、有価証券決済が滞るおそれがあると指摘されている。

そこで、本改正では、証券総合口座で有価証券の決済のために保有されているMRF等の投資信託の元本に生じた損失を補填する場合には、損失補填の禁止の適用を除外することとした。

b 投資法人法制の見直し

(a) 資金調達・資本政策手段の多様化

不動産投資法人の投資口は、安定的にキャッシュ・フローを生み出す不動産という原資産に裏付けられた商品ではあるものの、実際には、金融資本市場の影響を大きく受けており、リーマンショック時には資金調達手段の制約等の財務上の課題が顕在化し、投資法人の資金繰りに大きな影響が生じた。また、市場の影響を受け投資口のボラティリティは拡大し、投資家の投資姿勢の萎縮を招いた。こうしたことも踏まえ、諸外国のREITに比べて資金調達・資本政策手段の面において制約が多いと指摘されている。

そこで、本改正では、投資法人の新たな資金調達・資本政策手段として、新投資口予約権の創設に係る規定を整備してライツ・オファリングを可能としつつ、投資法人があらかじめ規約に定めた場合に自己の投資口を取得する

ことができることとしたほか、出資総額等からの控除による損失の処理を可能とした。

(b) 投資法人による海外不動産の取得を容易にするための措置

投資法人による海外不動産の取得については、国内不動産の取得とは異なり、現地国の法制において外資による不動産投資に規制等が存在する場合、投資法人による直接取得が不可能になっているという実務上の問題があることから、一般の事業会社同様、現地に不動産投資のためのSPCを設置し、当該SPCの株式の保有によって間接的に海外不動産への投資を行うことが想定され得る。しかし、投資法人は、事業支配制限の観点から、同一法人の50%超の議決権の取得が禁止されていたことから、仮にSPCを設置してもその株式のすべてを取得することはできないこととなっていた。

そこで、本改正では、国外の不動産について、当該不動産が所在する国の法令の規定その他の制限により、その取得等ができない場合において、専らこれらの取引のみを行うことを目的とする法人の株式を取得するときは、投資法人の過半議決権保有制限の対象外とすることとした。

(c) インサイダー取引規制の導入

上場投資法人の発行する投資証券は、インサイダー取引規制の対象とはされていなかったが、実際の投資口の価格動向を見ると、スポンサー企業の変更、公募増資、大口テナントの退去等の上場投資法人に係る情報の発表等によって、投資口価格が大きく変動した事例も見られる。

このような事情等を踏まえ、本改正では、投資法人の発行する投資証券等の取引をインサイダー取引規制の対象とすることとし、会社関係者の範囲に資産運用会社およびその特定関係法人の関係者を加えるとともに、投資法人特有の事情を考慮した重要事実等を規定することとした。また、投資法人の役員等による投資証券等の取引の報告等に関する規定を整備することとした。

(d) 投資法人におけるガバナンスの強化

そのほか、本改正では、資産運用会社が登録投資法人の委託を受けて当該

登録投資法人の資産の運用を行う場合において、当該登録投資法人と当該資産運用会社の利害関係人等との間で一定の取引が行われることとなるときは、当該資産運用会社は、あらかじめ、当該登録投資法人の役員会の同意を得なければならないこととする等の措置をとっている。

(7) その他の改正事項

その他の改正事項としては、以下のものが掲げられる。

a 外国銀行業務の代理・媒介に係る規制の見直し

国内銀行等が海外で行う場合に限り、認可制のもと、出資関係の有無を問わず、外国銀行の業務の代理・媒介を行うことを可能とすることとした。

b 海外M&Aに係る子会社の業務範囲規制の見直し

銀行等が買収した海外の子会社対象会社の子会社である一般事業会社（子会社対象会社以外の会社）については、原則として5年に限り、その保有を認めることとした。

c 監査役の適格性

銀行等の監査役について、取締役等の職務の執行の監査を的確、公正かつ効率的に遂行できる知識・経験を有し、かつ、十分な社会的信用を有する者でなければならないこととした（銀行等の常務に従事する取締役については、既に同様の規定が存在）。

d 会計監査人の解任命令

銀行が法令・処分等に違反し、または公益を害する行為をした場合に、銀行等に対し会計監査人の解任を命じることができることとした（取締役、監査役については、既に同様の規定が存在）。

e 報告徴求・立入検査の対象先

銀行等の業務の再委託先（再々委託先等を含む）を報告徴求・立入検査の対象先に加えることとした（委託先については、既に対象となっている）。

f 協同組織金融機関等の資本準備金等

協同組織金融機関等の資本準備金等について、銀行と同様、その剰余金へ

の振替を認め、優先出資の消却を可能とすることとした。

g　公開買付制度の一部緩和

現行法では、市場内取引や企業グループ内での取引等は原則として公開買付けの対象とされていないところ、これらの取引を2つ以上組み合わせて行った結果、当該一連の取引がいわゆる「急速な買付け等」の規制の要件に該当し、公開買付けによることが必要となる場合がある。そのような場合において公開買付けを不要とするための一定の緩和措置を講ずることとした。

h　大量保有報告制度の一部緩和

現行法では、保有割合の1％以上減少を提出事由とする変更報告書を提出した場合であって、かつ、保有割合が5％以下である場合に限り、その後の変更報告書の提出義務が免除されているところ、前者の要件を撤廃し変更報告書の提出要件を緩和することとした。

4　施行日

改正法の施行日については、関係者の準備期間等を踏まえ、原則、公布後1年以内の政令で定める日（平成26年4月1日）から施行することとしている。ただし、以下の事項については、それぞれ記載する時期に施行することとしている。

(1)　公布後20日施行

AIJ事案を踏まえた資産運用規制の見直し（罰則強化部分）、大口信用供与等規制の見直し（潜脱防止規定部分）については、投資者保護等を図る観点から、最大限迅速に施行する必要がある一方で、一定の周知期間を設ける必要があることから、公布後20日（平成25年7月9日）から施行されている。

(2) 公布後9月以内施行

金融機関の秩序ある処理の枠組み等については、公布後9月以内に政令で定める日(平成26年3月6日)に施行することとしている。

(3) 公布後1年6月以内施行

投資法人の資金調達・資本政策手段の多様化、大口信用供与等規制の見直し(上記以外)、業務の再委託先等に対する報告徴求・立入検査に係る規定等については、主要関係者との調整を行う必要に加え、システム開発やシステム対応期間を踏まえた相当程度の準備期間が必要であることから、公布後1年6月以内に政令で定める日から施行することとしている。

(さわい　あつし・かみじま　まさみち)

AIJ事案を踏まえた資産運用規制の見直し

金融庁総務企画局市場課課長補佐　西田勇樹
弁護士（前金融庁総務企画局市場課専門官）　滝　琢磨
金融庁総務企画局市場課専門官　上島正道
財務省中国財務局理財部金融監督第一課長
（前金融庁総務企画局企画課信用制度参事官室課長補佐）　安藤浩和
金融庁総務企画局企画課保険企画室課長補佐　平尾彰史

1 はじめに

平成25年6月19日に公布された「金融商品取引法等の一部を改正する法律」（平成25年法律第45号。以下「改正法」という）では、①公募増資インサイダー取引事案等を踏まえた対応、②AIJ投資顧問株式会社（以下「AIJ」という）事案を踏まえた資産運用規制の見直し、③金融機関の秩序ある処理の枠組み、④銀行等による資本性資金の供給強化等、⑤投資法人の資金調達・資本政策手段の多様化等に係る施策が盛り込まれている。本稿では、改正法に盛り込まれた金融商品取引法（以下「金商法」という）、金融機関の信託業務の兼営等に関する法律（以下「兼営法」という）、投資信託及び投資法人に関する法律（以下「投信法」という）、保険業法および信託業法の改正事項のうち、上記②のAIJ事案を踏まえた資産運用規制の見直しに関する改正事項を概説する。

なお、本稿の意見にわたる部分は筆者の個人的見解である。

2 改正の背景

(1) AIJ事案の概要

AIJは、年金基金等を顧客とする投資運用業者であったが、証券取引等監視委員会（以下「監視委」という）が平成24年1月から実施した同社への検査の過程で、同社において投資一任契約に基づいて行う顧客資産の運用状況に疑義が生じていることが、判明した。その旨の連絡を受けた関東財務局は、同社に対して金商法56条の2第1項に基づく報告を求め、同社から「当社が顧客との間で締結した投資一任契約に基づいて行う顧客資産の運用について証券取引等監視委員会の検査を通じて疑義が生じている。現時点で毀損額・毀損原因は精査中であるものの、投資家に現在の運用状況を説明できな

い状況にある」との報告を受けた。関東財務局はこれを受け、同年2月24日、こうした事実は、「投資運用業の運営に関し、投資者の利益を害する事実があるとき」(金商法52条1項8号)に該当するとして、投資者保護の観点から、同社に対し、金商法52条1項および51条の規定に基づき、業務停止命令、業務改善命令の各行政処分を行った[1]。

その後、監視委は、同年3月22日、AIJを検査した結果、投資運用業に関する法令違反の事実[2]が認められたとして、内閣総理大臣および金融庁長官に対して行政処分を行うよう勧告を行い[3]、翌23日、関東財務局は、金商法52条1項6号および51条の規定に基づき、登録取消し、業務改善命令の各行政処分を行った[4]。また、同日、監視委は、AIJほか関係先について、金商法違反(投資一任契約の締結に係る偽計)の嫌疑で強制調査を行った[5]。

監視委の検査によると、AIJは、顧客である年金基金等から受託した資金について、同社が運用している外国籍ファンドに投資し、当該外国籍ファンドがデリバティブ取引等を通じ平成23年3月期までに多額の損失を出していたにもかかわらず、顧客等に対してその事実を隠し、虚偽の基準価額等を報告していた。また、AIJは、当該外国籍ファンドの販売証券会社と一体となって、虚偽の基準価額や当該基準価額に基づく運用実態が記載されたリーフレットを配布し、投資一任契約の締結の勧誘を行っていたほか、顧客に対する虚偽の運用報告書の交付、当局に対する虚偽の事業報告書の提出も行っていた。

その後、監視委は、平成24年7月9日、金商法違反(投資一任契約の締結に係る偽計)の嫌疑で、AIJおよび同社の代表者らを東京地方検察庁に告発した[6]。

1　http://kantou.mof.go.jp/content/000006448.pdf
2　投資一任業務に関して、公益および投資者保護上重大な法令違反行為等が認められる状況として①投資一任契約の締結の勧誘において、虚偽の事実を告知している行為、②虚偽の内容の運用報告書を顧客に交付する行為、③虚偽の内容の事業報告書を作成し、関東財務局長に提出する行為、④忠実義務違反があると認定。
3　http://www.fsa.go.jp/sesc/news/ c _2012/2012/20120323-2.htm
4　http://kantou.mof.go.jp/content/000006848.pdf
5　http://www.fsa.go.jp/sesc/news/ c _2012/2012/20120323-3.htm

(2) 「資産運用に係る規制・監督等の見直し」の概要

　AIJ事案に関し明らかとなった問題に対し、金融庁では、金融実務を踏まえた実効性ある再発防止策を講じる観点から検討を行い、平成24年9月4日、「AIJ投資顧問株式会社事案を踏まえた資産運用に係る規制・監督等の見直し（案）」（以下「規制・監督等の見直し（案）」）を公表した。当該「規制・監督等の見直し（案）」で掲げられた事項は大きく分けて4項目あり、その概要は次のとおりである。

① 「第三者（国内信託銀行等）によるチェックが有効に機能する仕組み」として、「基準価額」や「監査報告書」が国内信託銀行に直接届く仕組みや、国内信託銀行による基準価額等の突合せに関する見直し

② 「顧客（年金基金等）が問題を発見しやすくする仕組み」として、投資一任業者等から顧客に交付される運用報告書等の記載内容の拡充、当該運用報告書の交付頻度の引上げ、年金基金のいわゆる「プロ成り」要件の限定、投資一任業者等によるチェック体制の整備に関する見直し

③ 「不正行為に対する牽制の強化」として、投資一任業者等による顧客に交付する運用報告書等の虚偽記載、勧誘の際の虚偽告知および投資一任契約の締結に係る偽計に対する罰則の引上げに関する見直し

④ 「投資運用業者等に対する規制・監督・検査の在り方の見直し」として、投資運用業者が当局宛てに提出する事業報告書の記載事項の拡充、投資一任業者に対する監督・検査の強化、検査・監督の強化のための体制整備に関する見直し

　こうした見直し策については、可能なものから順次実施に移しており、法律改正を伴わない事項については、平成24年12月13日に関係内閣府令・監督指針等の改正が行われ、平成25年4月1日（相当の準備期間を必要とするものについては7月1日）に施行または適用されている（金融商品取引法等ガ

6　http://www.fsa.go.jp/sesc/news/ c 2012/2012/20120709-1.htm

AIJ事案を踏まえた資産運用規制の見直し | 27

【図1】AIJ事案を踏まえた資産運用規制の見直し

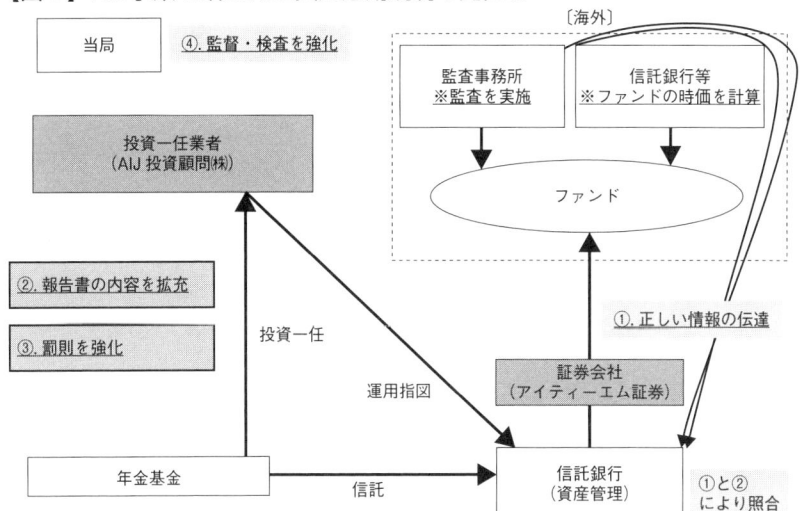

出所：金融庁「金融商品取引法等の一部を改正する法律（平成25年法律第45号）に係る説明資料」

【図2】AIJ「再発防止策」（平成24年9月4日（火）公表）の概要）

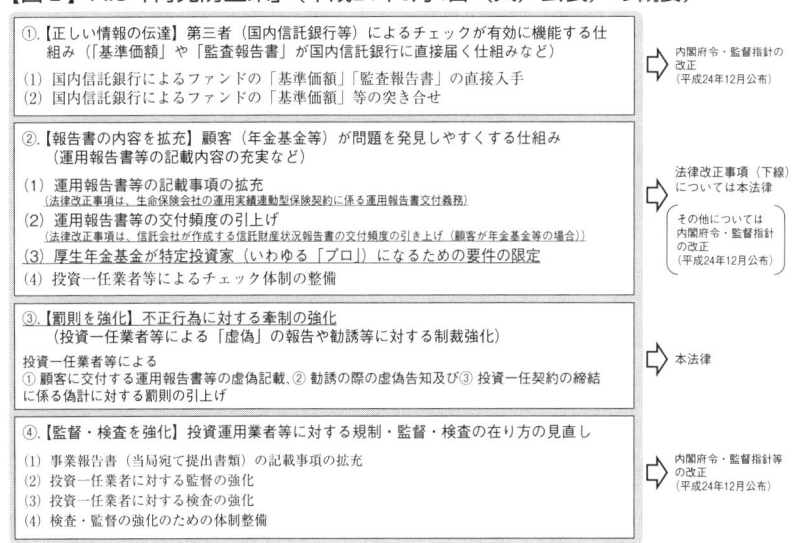

① 【正しい情報の伝達】第三者（国内信託銀行等）によるチェックが有効に機能する仕組み（「基準価額」や「監査報告書」が国内信託銀行に直接届く仕組みなど）
(1) 国内信託銀行によるファンドの「基準価額」「監査報告書」の直接入手
(2) 国内信託銀行によるファンドの「基準価額」等の突き合せ

⇨ 内閣府令・監督指針の改正（平成24年12月公布）

② 【報告書の内容を拡充】顧客（年金基金等）が問題を発見しやすくする仕組み（運用報告書等の記載内容の充実など）
(1) 運用報告書等の記載事項の拡充
（法律改正事項は、生命保険会社の運用実績連動型保険契約に係る運用報告書交付義務）
(2) 運用報告書等の交付頻度の引上げ
（法律改正事項は、信託会社が作成する信託財産状況報告書の交付頻度の引き上げ（顧客が年金基金等の場合））
(3) 厚生年金基金が特定投資家（いわゆる「プロ」）になるための要件の限定
(4) 投資一任業者等によるチェック体制の整備

⇨ 法律改正事項（下線）については本法律
その他については内閣府令・監督指針の改正（平成24年12月公布）

③ 【罰則を強化】不正行為に対する牽制の強化
（投資一任業者等による「虚偽」の報告や勧誘等に対する制裁強化）
投資一任業者等による
① 顧客に交付する運用報告書等の虚偽記載、② 勧誘の際の虚偽告知及び③ 投資一任契約の締結に係る偽計に対する罰則の引上げ

⇨ 本法律

④ 【監督・検査を強化】投資運用業者等に対する規制・監督・検査の在り方の見直し
(1) 事業報告書（当局宛て提出書類）の記載事項の拡充
(2) 投資一任業者に対する監督の強化
(3) 投資一任業者に対する検査の強化
(4) 検査・監督の強化のための体制整備

⇨ 内閣府令・監督指針等の改正（平成24年12月公布）

出所：金融庁「金融商品取引法等の一部を改正する法律（平成25年法律第45号）に係る説明資料」

イドラインの改正については、公表日から適用)[7]（**図1、2参照**）。
　一方で、「規制・監督等の見直し（案）」のうち法律改正が必要となる事項については、改正法において手当てが行われている。その概要は、以下のとおり。

3 改正の概要（図3参照）

(1) 「顧客（年金基金等）が問題を発見しやすくする仕組み」関係

a　運用報告書等の記載事項の拡充

　「規制・監督等の見直し（案）」においては、投資一任業者等が顧客に交付する運用報告書の記載事項について、基準価額の算出方法、外部監査の有無等の記載を新たに求めるなど、その拡充を行うこととされ、関係内閣府令の改正が行われた。

　保険会社については、保険契約のうち運用実績連動型保険契約について、当該保険契約に関する資産運用リスクを保険契約者が直接的に負っているため、運用状況の虚偽報告等が保険契約者に甚大な被害を与えるおそれがあることから、従来の保険会社の業務運営に関する措置として求めていた運用報告書の位置付けを見直し、投資一任業者等と同様、その交付を直接義務付けることとした（保険業法100条の5）。

b　運用報告書等の交付頻度の引上げ

　また、「規制・監督等の見直し（案）」では、投資一任業者が厚生年金基金等に運用報告書を交付する頻度について、少なくとも四半期に一度とするよう引き上げることとされ、関係内閣府令の改正が行われた。

　信託銀行・信託会社については、信託財産状況報告書を信託財産の「計算期間」ごとに受益者に交付しなければならないこととされていたところ、信

---

[7] 投資一任業者等を対象とした改正内閣府令の内容については、齊藤将彦ほか「AIJ投資顧問事案を踏まえた内閣府令等の改正」商事1995号30頁も参照。

【図3】 AIJ事案を踏まえた資産運用規制の見直し（改正の内容）

【罰則を強化】不正行為に対する罰則の強化（③関係）

○ 運用報告書等の虚偽記載
　現　行；懲役6月以下・罰金50万円以下（法人重課なし）
　改正後；懲役3年以下・罰金300万円以下（法人重課3億円以下）（注1）

○ 勧誘の際の虚偽告知
　現　行；懲役1年以下・罰金100万円 or 300万円以下（法人重課なし or 2億円以下）（注2）
　改正後；懲役3年以下・罰金300万円以下（法人重課3億円以下）（注3）

○ 投資一任契約の締結の偽計
　現　行；懲役3年以下・罰金300万円以下（法人重課3億円以下）
　改正後；懲役5年以下・罰金500万円以下（法人重課5億円以下）

【報告書の内容を拡充】顧客（年金基金等）が問題を発見しやすくする仕組み（②関係）

○ 生命保険会社の運用実績連動型保険契約に係る運用報告書交付義務を定める。

○ 顧客が年金基金等の場合について、信託銀行が作成する信託財産状況報告書の交付頻度を引き上げる。
　　　　　　　　　　　　　　　　　　　　　　（1年を超えない期間毎⇒四半期毎）

○ 厚生年金基金が特定投資家（いわゆる「プロ」）になるための要件を限定する。
　　　　　　　　　　　　　　　　　　（運用体制の整備された厚生年金基金に限定）

(注1) 管理型信託については、懲役1年以下・罰金300万円以下（法人重課2億円以下）に引上げ。
(注2) 現行、投資一任業者・信託銀行等については、罰金300万円以下・法人重課2億円以下。保険については、罰金100万円以下・法人重課なし。
(注3) 管理型信託については、懲役1年以下・罰金300万円以下（法人重課2億円以下）に据置き。

出所：金融庁「金融商品取引法等の一部を改正する法律（平成25年法律第45号）に係る説明資料」

託の目的に照らして受益者の利益に適合することが明らかな場合として内閣府令で定める場合には、「計算期間」より短い期間であって内閣府令で定める期間ごとに信託財産状況報告書を受益者に交付しなければならないこととした（信託業法27条1項、兼営法2条1項）。

今後、法施行までの間に関係内閣府令を整備し、厚生年金基金等に対する信託財産状況報告書の交付頻度については、投資一任業者と同様の対応が行われることとなる。

c　年金基金の「プロ成り」要件の限定

上述のとおり、「規制・監督等の見直し（案）」では、投資一任業者等から顧客に交付される運用報告書等の記載内容の充実を図ることや、当該運用報告書が年金基金に交付される頻度を引き上げることとされ、関係内閣府令の改正が行われた。

一方、金商法においては、投資家を「特定投資家」と「特定投資家以外」

（一般投資家）とに区分し、当該区分に応じて金融商品取引業者等（以下「金商業者等」という）の行為規制の適用を行うとともに、特定投資家以外の法人および一定の要件を充たす個人について、金商業者等への申出によって特定投資家としての取扱いを受けること（いわゆる「プロ成り」）を可能とすること等により、規制の柔軟化を図っている。

こうした制度のもと、顧客が特定投資家である場合（顧客が特定投資家としての取扱いを受けることとされた場合を含む）には、金商業者等に対しては、当該顧客との間の情報格差の是正等を目的とした各種行為規制（契約締結前の書面交付義務、運用報告書の交付義務等）が適用されないこととされている。

こうしたことを踏まえ、改正法では、厚生年金基金が特定投資家としての取扱いを受けるための要件を限定している。すなわち、厚生年金基金のうち、厚生年金保険法136条の3第4項に規定する年金給付等積立金の管理および運用の体制が整備され、この体制について届け出たもの以外については、当分の間、金商法34条の3第1項（特定投資家への移行の申出）の規定を適用しないものとした（金商法附則3条の2）[8]。

(2) 「不正行為に対する牽制の強化」関係

a 罰則改正の全体像

次に、改正法では、「不正行為に対する牽制の強化」関係として、罰則の引上げが行われている。これは、AIJ事案において、上記のとおり、AIJの代表者らが、顧客に対し投資一任契約の締結に関し偽計を用いたものとして告発・起訴され、また、AIJが、投資一任契約の締結の勧誘において虚偽の事実を告知している行為、虚偽の内容の運用報告書を顧客に交付する行為等

---

[8] なお、厚生年金基金については、「公的年金制度の健全性及び信頼性の確保のための厚生年金保険法等の一部を改正する法律」（平成25年法律第63号）が平成25年6月26日に公布されており、同法において、同法の施行日以後は厚生年金基金の新設を認めない等の厚生年金基金制度の見直しが行われている。同法の施行日以後も、同法の規定による存続厚生年金基金については、改正法における「プロ成り」要件の限定に係る規定が適用されることとなる。

を行っていたとして、投資運用業の登録取消し等の行政処分を受けたこと等を踏まえたものである。

すなわち、改正法では、AIJ事案を契機として、投資一任契約の締結に関する偽計等の違反行為に対する抑止力を高めるため、これら違反行為の罰則を引き上げることとしたものである。

また、信託銀行・信託会社についても、顧客からの委託により、いわゆる運用型信託（信託業法2条3項各号に掲げる管理型信託以外の信託。以下「運用型信託」という）として、業として裁量を持って資産運用を行い得ること、さらに、保険会社についても、年金基金保険等の運用実績連動型保険契約の募集等にあたっての虚偽告知等は、保険契約者に甚大な被害を与えるおそれがあることなどを踏まえ、信託業法、兼営法、保険業法においても、併せて罰則の引上げが行われている。

b　金商法

(a)　運用報告書等の虚偽記載等

金商法42条の7第1項は、金商業者等が、運用財産について、内閣府令で定めるところにより、定期に運用報告書を作成し、知れている権利者に交付することを義務付けている。

改正前は、これに違反し、運用報告書を交付せず、もしくは記載すべき事項を記載しない運用報告書もしくは虚偽の記載をした運用報告書を交付した場合は6月以下の懲役・50万円以下の罰金またはこれの併科（法人両罰）とされていた（改正法による改正前の金商法205条14号、207条1項6号）。

金融商品取引契約のうち、運用委託は継続的取引であり、個々の売買取引の委託とは異なって、信用を基礎とする金融取引に与える影響は大きく、被害が拡大するおそれも強い。また、顧客に対する虚偽報告は、継続的に行われることによって、投資者に甚大な被害を与えるおそれがある。

9　例えば、特定商取引に関する法律においては、訪問販売における勧誘等について、商品の種類・性能・品質等について不実告知を行った場合の罰則が3年以下の懲役・300万円以下の罰金またはこれを併科とされている。

以上のほか、他法における類似の罰則規定とのバランスや[9]、AIJ事案で問題となったのは投資運用業者による投資一任契約であることを踏まえ、改正法では、投資一任業者が作成する運用報告書の虚偽記載等に関する法定刑を引き上げることとし、3年以下の懲役・300万円以下の罰金またはこれの併科（法人重課3億円以下の罰金）とした（金商法198条2号の3、207条1項3号）。

　(b)　投資運用に関する契約締結・勧誘にあたっての虚偽告知

　金商法38条1号は、金商業者等またはその役員もしくは使用人が、金融商品取引契約の締結またはその勧誘に関して、顧客に対し虚偽のことを告げる行為を禁止している。

　改正前には、これに違反した場合は、1年以下の懲役・300万円以下の罰金またはこれの併科（法人重課2億円以下の罰金）とされていた（改正法による改正前の金商法198条の6第2号、207条1項4号）。

　運用委託は継続的取引であり、個々の売買取引の委託とは異なって、信用を基礎とする金融取引に与える影響は大きく、被害が拡大するおそれも強いことを踏まえれば、かかる運用委託の入口の規制に関する違反行為を禁圧すべき必要性は高いものと考えられる。

　そこで、改正法では、これを引き上げ、上記虚偽記載と同様、3年以下の懲役・300万円以下の罰金またはこれの併科（法人重課3億円以下の罰金）とした（金商法198条2号の2、207条1項3号）。

　(c)　投資一任契約の締結・解約に関する偽計等

　金商法38条の2は、金商業者等が、その行う投資助言・代理業または投資運用業に関して、投資顧問契約、投資一任契約もしくは2条8項12号イに掲げる契約の締結または解約に関し、偽計を用い、または暴行もしくは脅迫をする行為等を禁止しており、改正前には、これに違反した場合は、いずれも3年以下の懲役・300万円以下の罰金またはこれの併科（法人重課3億円以下の罰金）とされていた（改正法による改正前の金商法198条の3、207条1項3号）。

投資一任契約の締結・勧誘に関する「偽計」は、上記同様、他人の資産運用の委託を受ける継続的取引に係るものであり、その契約締結・解約に関し「偽計等」が行われた場合には、投資者に甚大な被害を与えるおそれがある。また、「偽計」は、上記の単なる虚偽告知と比べ、投資家を欺罔するための「はかりごと」をするものであり、とくに悪質性が強いものと考えられる。また、「暴行」「脅迫」についても、他者の意思決定を直接に抑圧する手段であり、「偽計」と同様に悪質性が強いと考えられる。

そこで、改正法では、投資運用業に関する「偽計等」について法定刑を引き上げることとし、5年以下の懲役・500万円以下の罰金またはこれの併科（法人重課5億円以下の罰金）とした（金商法197条の3、207条1項2号）。

c　投信法

投信法14条1項は、投資信託委託会社は、その運用の指図を行う投資信託財産について、内閣府令で定めるところにより、当該投資信託財産の計算期間の末日ごとに、運用報告書を作成し、当該投資信託財産に係る知れている受益者に交付することを義務付けている。

改正前には、これに違反し、運用報告書を作成せず、または虚偽の記載をした運用報告書を交付した場合は6月以下の懲役・50万円以下の罰金またはこれの併科（法人両罰）とされていた（改正法による改正前の投信法246条5号、248条4号）。

改正法では、投資信託委託会社が作成する運用報告書の虚偽記載等についても、金商法上の運用報告書の虚偽記載等の罰則引上げと同様にその法定刑を引き上げることとし、3年以下の懲役・300万円以下の罰金またはこれの併科（法人重課3億円以下の罰金）とした（投信法239条2号、248条1号）。

d　信託業法・兼営法

(a)　信託財産状況報告書の虚偽記載等

上述の金商法・投信法における運用報告書の虚偽記載等と同様に、信託銀行・信託会社が作成する運用型信託に関する信託財産状況報告書の虚偽記載等に対する法定刑について、6月以下の懲役・50万円以下の罰金またはこれ

の併科(法人両罰)から、3年以下の懲役・300万円以下の罰金またはこれの併科(法人重課3億円以下の罰金)に引き上げることとした(信託業法91条6号、98条1項1号、兼営法15条の2第2号、21条1項1号)。

なお、管理型信託は投資一任契約や運用型信託とは異なり、信託銀行・信託会社が裁量を持って投資運用を行うものではないこと等を踏まえ、管理型信託に関する信託財産状況報告書の虚偽記載等については、1年以下の懲役もしくは300万円以下の罰金またはこれの併科(法人重課2億円以下の罰金)に引き上げることとした(信託業法93条5号、98条1項2号、兼営法17条2号、21条1項2号)。

(b) 信託の引受けに関する虚偽告知

上述の金商法における投資運用に関する契約締結・勧誘に関して虚偽のことを告げる行為に対する法定刑の引上げと併せ、信託銀行・信託会社が運用型信託の引受けに関して委託者に虚偽のことを告げる行為に対する法定刑についても、1年以下の懲役・300万円以下の罰金またはこれの併科(法人重課2億円以下の罰金)から、3年以下の懲役・300万円以下の罰金またはこれの併科(法人重課3億円以下の罰金)に引き上げることとした(信託業法91条5号、98条1項1号、兼営法15条の2第1号、21条1項1号)。

e 保険業法

(a) 運用報告書の虚偽記載等

運用実績連動型保険契約については、上述のとおり、保険会社に対し当該保険契約に関する運用報告書の交付を義務付けるとともに(保険業法100条の5第1項)、当該運用報告書の虚偽記載等についても、金商法上の運用報告書の虚偽記載等の罰則の引上げと同様、その法定刑を、3年以下の懲役・300万円以下の罰金またはこれの併科(法人重課3億円以下の罰金)とした(保険業法315条5号、321条1項1号)。

(b) 運用実績連動型保険契約に関する契約締結・保険募集にあたっての虚偽告知

保険業法300条1項1号は、保険会社等もしくは外国保険会社等、これら

の役員、保険募集人または保険仲立人もしくはその役員もしくは使用人が、運用実績連動型保険契約を含む特定保険契約の締結または保険募集に関して、保険契約者または被保険者に対して虚偽のことを告げる行為を禁止しており、改正前は、これに違反した場合は、1年以下の懲役・100万円以下の罰金またはこれの併科（法人両罰）とされていた（改正法による改正前の保険業法317条の2第7号、321条1項4号）。

　このうち、運用実績連動型保険契約については、保険契約者が当該保険契約に関する資産運用リスクを直接的に負っており、当該保険契約の締結または保険募集に関して虚偽の事実を告知する行為が保険契約者に甚大な被害を与えるおそれがあることを踏まえ、運用実績連動型保険契約の締結等に関し虚偽のことを告げる行為についても、金商法上の投資運用に関する契約締結・勧誘にあたっての虚偽告知の罰則の引上げと同様にその法定刑を引き上げることとし、3年以下の懲役・300万円以下の罰金またはこれの併科（法人重課3億円以下の罰金）とした（保険業法315条8号、321条1項1号）。

(c)　保険金信託業務（管理型信託に係るものを除く）に関する信託財産状況報告書の虚偽記載等

　上述の信託業法の信託業務に関する信託財産状況報告書の虚偽記載等に対する法定刑の引上げに伴い、保険金信託業務を行う生命保険会社が作成する信託財産状況報告書の虚偽記載等（管理型信託に係るものを除く）に対する法定刑についても、6月以下の懲役もしくは50万円以下の罰金またはこれの併科（法人両罰）から、3年以下の懲役もしくは300万円以下の罰金またはこれの併科（法人重課3億円以下の罰金）に引き上げる（管理型信託に係る同報告書については、1年以下の懲役もしくは300万円以下の罰金またはこれの併科（法人重課2億円以下の罰金）に引き上げる）こととした（保険業法315条4号、316条の2第2号、321条1項1号・2号）。

(d)　保険金信託業務（管理型信託に係るものを除く）に関する勧誘時の虚偽告知

　上述の信託業法の信託業務に関する委託者への虚偽のことを告げる行為に

対する法定刑の引上げに伴い、保険金信託業務を行う生命保険会社が信託の引受けに関し委託者に虚偽のことを告げる行為（管理型信託に係るものを除く）に対する法定刑についても、1年以下の懲役もしくは300万円以下の罰金またはこれの併科（法人重課2億円以下の罰金）から、3年以下の懲役もしくは300万円以下の罰金またはこれの併科（法人重課3億円以下の罰金）に引き上げることとした（保険業法315条3号、321条1項1号）。

(3) 施行時期

　改正法は、基本的に、公布の日から起算して1年を超えない範囲内において政令で定める日（平成26年4月1日）から施行することとされており、上述の「顧客（年金基金等）が問題を発見しやすくする仕組み」に関するもの（新設された保険会社の運用実績連動型保険契約に関する運用報告書の交付義務や、これに伴う罰則の引上げ、および厚生年金基金のプロ成り要件限定に係る改正）については、内閣府令委任事項が一定数存在し、規制の検討期間、制度変更の周知や制度変更に伴う準備期間等を踏まえ、かかる時期に施行することとした。

　これに対し、改正法のうち、「不正行為に対する牽制の強化」に関するもの（上述の保険会社の運用実績連動型保険契約に関する運用報告書に係るものを除く）については、不正行為に対する罰則の強化は投資者保護等を図る観点から最大限迅速に施行する必要がある一方、罰則の制定や引上げを伴う法律改正に係る周知の必要性も考慮し、公布の日から20日後に施行することとし、平成25年7月9日から施行されている。

（にしだ　ゆうき）
（たき　たくま）
（かみじま　まさみち）
（あんどう　ひろかず）
（ひらお　あきふみ）

金融機関の秩序ある処理の枠組み
（預金保険法等の一部改正）

金融庁総務企画局企画課課長補佐　梅村元史

1 はじめに

本稿では、平成25年6月に第183回通常国会で成立した金融商品取引法等の一部を改正する法律（平成25年法律第45号）を構成する預金保険法等の一部改正により整備された金融機関の秩序ある処理の枠組みについて解説する[1]。この金融機関の秩序ある処理の枠組みは、先般の国際的な金融危機の経験等を経て、金融機関の実効的な破綻処理の枠組みに関する国際的な議論等を踏まえ、我が国において、市場等を通じて伝播するような危機に対して、我が国の金融システムの安定を図るため、預金保険制度・金融危機対応措置や倒産法制等との関係にも留意しつつ、金融機関の実効的な破綻処理の枠組みを整備するものである。

預金保険法（昭和46年法律第34号）は、信用秩序の維持を目的として、預金取扱金融機関について、保険金支払方式（同法第3章第3節）と資金援助方式（同章第4節）による預金保険制度を規定し、その実施機関として預金保険機構が設立されている[2]。

預金保険法には、現在、こうした預金保険制度に加えて、金融危機対応措置（同法第7章）が規定されているが、これは、預金保険法等の一部を改正する法律（平成12年法律第93号）により、金融機能の早期健全化のための緊急措置に関する法律（平成10年法律第143号）の資本増強措置や金融機能の再生のための緊急措置に関する法律（平成10年法律第132号）の特別公的管理銀行等の制度を恒久化したものである[3]。具体的には、預金取扱金融機関

---

[1] 本稿の作成にあたっては、川満克己金融庁総務企画局企画課課長補佐、赤尾進一郎弁護士（前金融庁総務企画局企画課専門官）、後平真輔金融庁総務企画局企画課専門官、細田浩史金融庁総務企画局企画課（保険企画室）専門官、今野雅司預金保険機構法務統括室総括調査役から、執筆上の協力等を得た。本稿における解釈や意見に関する記述は、執筆者の個人的な見解によるものであり、所属機関の見解を示すものではないことに留意されたい。なお、条文番号については、とくに断らない限り、改正後のものを表す。

[2] 預金保険制度の概要や運用については、預金保険機構『預金保険制度の解説』（預金保険機構、2010年）、預金保険機構編『預金保険機構年報』（預金保険機構、各年）、佐々木宗啓編著『逐条解説預金保険法の運用』（金融財政事情研究会、2003年）を参照。

について、内閣総理大臣は、金融危機対応措置（①株式等の引受け等（資本増強）、②ペイオフコスト超の資金援助、③特別危機管理銀行（国有化））が講ぜられなければ、我が国または地域の信用秩序の維持にきわめて重大な支障が生ずるおそれがあると認めるときは、金融危機対応会議の議を経て、当該措置を講ずる必要がある旨の認定を行うことができることとされている。

金融危機対応措置は、不良債権型の金融危機に対して、預金取扱金融機関の全債務を保護することにより、預金者等の信用不安を解消し、我が国または地域の信用秩序の維持を図るものであるが、金融危機対応措置や預金保険制度が整備されてきた[4]ことは、我が国の金融システムの安定に寄与してきたと考えられる[5]。

先般の国際的な金融危機においては、国際的に活動する大規模な金融機関の破綻等が、金融市場を通じて伝播し、実体経済に深刻な影響を及ぼすおそれがあることが明らかとなった。こうした市場型の金融危機に対して、市場参加者間の連鎖を回避し、金融市場の機能不全を防止することで、金融システムの安定を確保するとともに、いわゆる「大きすぎて潰せない（Too big to fail）」問題に対処し、破綻処理に要するコストを可能な限り低減することを目的として、金融機関の実効的な破綻処理の枠組みについて国際的に議論がなされ、合意されたこと等を踏まえ、我が国においても、こうした制度

---

[3] 平成11年12月21日付金融審議会答申「特例措置終了後の預金保険制度及び金融機関の破綻処理のあり方について」等を参照。

[4] 我が国における信用秩序政策の変遷については、佐藤隆文『信用秩序政策の再編』（日本図書センター、2003年）、西村吉正『日本の金融制度改革』（東洋経済新報社、2003年）、同『金融システム改革50年の軌跡』（金融財政事情研究会、2011年）等を参照。

[5] 金融危機への対応等においては、政府は、「信用秩序維持のため特に必要がある」との判断に基づく要請を日本銀行に行うことができる。当該要請を受けて、日本銀行では「特別の条件による資金の貸付けその他の信用秩序の維持のために必要と認められる業務」を行うことができ（日本銀行法38条）、金融機関の破綻処理や危機を未然に防ぐための公的資本注入等に際して、必要な期間、営業の継続に要する資金を供給することができる。その際、日本銀行では、政府からの要請を前提に、4原則に基づいて、その可否を判断している。
　原則1：システミック・リスクが顕現化するおそれがあること、原則2：日本銀行の資金供与が必要不可欠であること、原則3：モラル・ハザード防止の観点から、関係者の責任の明確化が図られるなど適切な対応が講じられること、原則4：日本銀行自身の財務の健全性維持に配慮すること。

整備について検討が進められることとなった。

2 国際的な議論と我が国における制度整備の経緯

2008 (平成20) 年9月のリーマン・ブラザーズの破綻等に端を発した国際的な金融危機の中で、同年11月に開催されたG20ワシントンDCサミットでは、このような事態に対して、「大規模かつ複雑な国境を越えて活動する金融機関の秩序だった整理が可能になるように、破綻処理制度及び破産法を検討する」ことが行動計画に盛り込まれ、危機防止のための国際的な金融規制改革の議論において、「大きすぎて潰せない」問題への対応が、主要テーマの1つとなった。

2011 (平成23) 年10月には、金融安定理事会 (Financial Stability Board、以下「FSB」という) において、「金融機関の実効的な破綻処理の枠組みの主要な特性」[6] (以下「主要な特性」という) が策定され、同年11月のG20カンヌサミット[7]において、国際的に合意された。また、2012 (平成24) 年6月のG20ロスカボスサミット[8]においても、各国における国内の破綻処理枠組みを、FSBの「主要な特性」と整合的なものとすることが確認された。

---

[6] FSB, Key Attributes of Effective Resolution Regimes for Financial Institutions, October 2011 (以下「KA」という)
[7] 同コミュニケにおいては、金融セクターの改革と市場の健全性の強化として、「13. 我々は、いかなる金融機関も「大きすぎて潰せない」とは見なされないよう、また納税者が破綻処理のコストを負担することから保護されるよう、包括的措置に合意した。FSBは、グローバルなシステム上重要な金融機関 (G-SIFIs) の最初のリストを本日公表する。G-SIFIsは、強化された監督、破綻処理枠組みに関する新たな国際基準、及び2016年からは、追加的な資本要件に服する」とされている。
[8] 同首脳宣言においては、金融セクターの改革と金融包摂の促進として「41. 我々は、いかなる銀行又はその他の金融機関も「大きすぎて潰せない」ことがないよう、我々の国内の破綻処理枠組みを、FSBの「実効的な破綻処理枠組みの主要な特性」と整合的なものとするとの我々のコミットメントを再確認する。この目的のため、我々はまた、すべてのG-SIFIsについて現在進められている再建・処理計画並びに各金融機関毎のクロスボーダー協力取極めの策定を支持する」とされている。

主要国では、こうした国際的な議論の進捗と並行して、金融機関の実効的な破綻処理に関する新たな包括的な枠組みの整備が進んでいる。米国では、秩序だった破綻処理を可能とする制度を整備したドッド・フランク法[9]が2010（平成22）年7月に成立し、施行されている。また、英国では、2009年銀行法等において、ユニバーサル・バンキング制のもと、実効的な再建・破綻処理制度が整備されている[10]。さらに、欧州連合では、2012（平成24）年6月に預金取扱金融機関・投資会社向けの再建・処理制度の整備のための指令案（以下「EU再建・処理指令案」という）等が公表され、2013（平成25）年6月にはEU財務相会合で合意され、現在、年内の合意に向けて協議がなされている[11]。

　なお、FSBは、2012（平成24）年8月より、各国の破綻処理の枠組みについて現状調査（ピア・レビュー）を実施し、FSBの「主要な特性」に沿って、各国の既存の破綻処理枠組みと予定されている制度改正について評価がなされ、その結果が2013（平成25）年4月に公表されている[12]。

　我が国においては、こうした国際的な動向を踏まえ、金融審議会「金融システム安定等に資する銀行規制等の在り方に関するワーキング・グループ」（座長：岩原紳作東京大学名誉教授、現早稲田大学大学院法務研究科教授）において、平成24年8月より、金融機関の破綻処理の枠組みの在り方の検討が開始された。このワーキンググループにおける審議を経て、平成25年1月には、同ワーキンググループの報告書「金融システム安定等に資する銀行規

9　同法の概要については、岩原紳作「金融危機と金融規制―アメリカのドッド・フランク法を中心に」小出篤ほか編『前田重行先生古稀記念 企業法・金融法の新潮流』（商事法務、2013年）、松尾直彦『Q＆Aアメリカ金融改革法―ドッド＝フランク法のすべて』（金融財政事情研究会、2010年）等を参照。

10　英国においては、2009年銀行法のほか、投資銀行特別管理規則（The Investment Bank Special Administration Regulation 2011）が制定されている。また、2013（平成25）年8月現在、金融サービス（銀行改革）法案（Financial Services (Banking Reform) Bill）が英国議会で審議されている。英国における最近の動向については、Independent Commission Banking, Final Report: recommendations, September 2011、HM Treasury, Banking Reform: Delivering Stability and Supporting a Sustainable Economy, June 2012およびHM Treasury, Financial sector resolution: broadening the regime, August 2012等を参照。

【資料１】 金融危機への対応

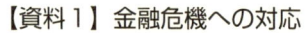

日本が経験した不良債権型の金融危機

金融危機対応措置
（現行預金保険法102条）

⇒ 銀行の全債務を保護することにより、預金者等の信用不安を解消・健全な借り手を保護

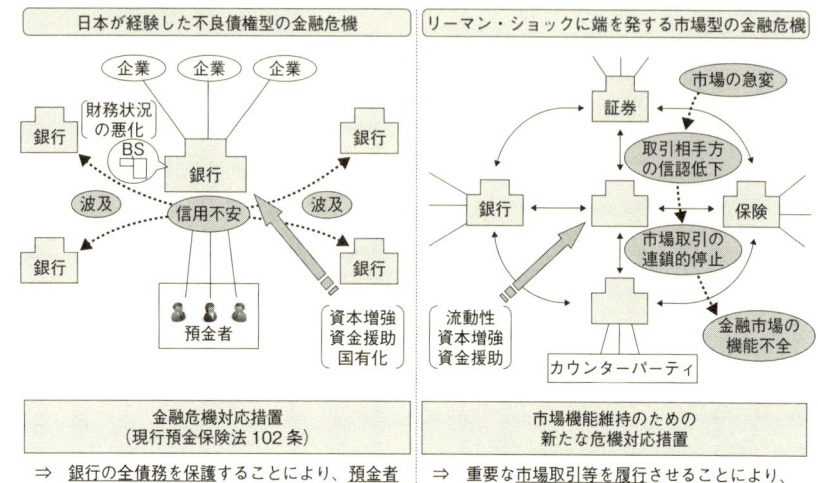

リーマン・ショックに端を発する市場型の金融危機

市場機能維持のための
新たな危機対応措置

⇒ 重要な市場取引等を履行させることにより、市場参加者間の連鎖を回避し、金融市場の機能不全を防止（金融システムの安定を確保）

出所：金融庁「金融商品取引法等の一部を改正する法律（平成25年法律第45号）に係る説明資料」

制等の見直しについて」[13]（以下「報告書」という）が取りまとめられ、我が国においても、国際的な流れを踏まえ、市場等を通じて伝播するような危機に対応するため、金融機関の秩序ある処理に関する枠組みとして、概要以

---

11 Council of the European Union, Proposal for a DIRECTIVE OF THE EUROPEAN PARLIAMENT AND OF THE COUNCIL establishing a framework for the recovery and resolution of credit institutions and investment firms and amending Council Directives 77/91/EEC and 82/891/EC, Directives 2001/24/EC,2002/47/EC, 2004/25/EC, 2005/56/EC, 2007/36/EC and 2011/35/EC and Regulation (EU) No1093/2010 (http://www.consilium.europa.eu/uedocs/cms_data/docs/pressdata/en/ecofin/137627.pdfおよびhttp://register.consilium.europa.eu/pdf/en/13/st11/st11148-re01.en13.pdf) を参照。

また、European Commission, Proposal for a REGULATION OF THE EUROPEAN PARLIAMENT AND OF THE COUNCIL establishing uniform rules and a uniform procedure for the resolution of credit institutions and certain investment firms in the framework of a Single Resolution Mechanism and a Single Bank Resolution Fund and amending Regulation (EU) No 1093/2010 of the European Parliament and of the Councilも併せて参照。

12 FSB, Thematic Review on Resolution Regimes, Peer Review Report, April 2013.
13 http://www.fsa.go.jp/singi/singi_kinyu/tosin/20130128 1.html

目　次

1　はじめに
2　国際的な議論と我が国における制度整備の経緯
3　金融機関の秩序ある処理の発動要件と認定手続
4　金融機関の秩序ある処理の対象となる金融機関等
5　金融機関の秩序ある処理の内容
6　会社法制・倒産法制等の特例
7　その他の民事法制等の特例
8　早期解約条項の発動停止
9　金融機関の秩序ある処理に関する区分経理（危機対応勘定）、資金調達
10　金融機関の秩序ある処理に関する費用負担等
11　金融機関の秩序ある処理を実施するために必要な規定等の整備等
12　協定銀行に係る規定の整備等
13　おわりに

下の制度を早急に整備する必要があるとの報告がなされた。この報告書は、金融審議会に同年2月に報告、了承されている。

　金融審議会の報告書等を踏まえ、預金保険法等の一部改正を含む金融商品取引法等の一部を改正する法律案[14]が平成25年4月に第183回通常国会に提出され、同年5月に衆議院にて、同年6月に参議院にて可決・成立した。

　預金保険法等の一部改正により、同法の目的に「金融機関等の資産及び負債の秩序ある処理に関する措置」（以下「金融機関の秩序ある処理」という）が加えられ（同法1条）、預金保険機構の業務に「金融機関の秩序ある処理に係る業務」等が加えられ（同法34条）、同法第7章の2において、「金融機関の秩序ある処理」（同法126条の2～126条の39）等が規定されることとなった。同法第7章の2に規定されている金融機関の秩序ある処理について、以下、その詳細を説明していくこととする。

14　http://www.fsa.go.jp/common/diet/index.html

3 金融機関の秩序ある処理の発動要件と認定手続

　金融機関の秩序ある処理においては、まず、内閣総理大臣は、以下の措置が講ぜられなければ、我が国の金融市場その他の金融システムの著しい混乱が生ずるおそれがあると認めるときは、金融危機対応会議の議を経て、当該措置を講ずる必要がある旨の認定（以下「特定認定」という）を行うことができることとしている（預金保険法126条の2第1項）。

　① 特定第1号措置（債務超過ではない金融機関等）
　　預金保険機構による特別監視および資金の貸付け等（流動性供給等）または特定株式等の引受け等（資本増強）
　② 特定第2号措置（債務超過・債務超過のおそれまたは支払停止・支払停止のおそれがある金融機関等）
　　預金保険機構による特別監視および特定資金援助

(1) 我が国の金融市場その他の金融システムの著しい混乱が生ずるおそれ

　金融機関の秩序ある処理は、市場型の金融危機を防止し、我が国の金融システムの安定を確保するものであり、我が国の金融市場その他の金融システムの著しい混乱が生ずるおそれがある場合に発動することとしている。

　例えば、先般の国際的な金融危機において欧米諸国で見られたように、市場型の金融危機においては、金融市場の急変等により、取引相手方への信認が急速に低下し、金融市場における流動性の確保が著しく困難になる事態や、金融商品等の急激な売却により価格の著しい暴落が生ずるなど、市場取引等が連鎖的に停止し、金融市場等が機能不全となるような事態が想定される。こうした事態においては、金融機関等について、金融機関の秩序ある処理を講じなければ、金融システムに生じた混乱を払拭できず、その処理を誤れば経済全般を著しく不安定化させ、実体経済にも深刻な影響を与えかねな

【資料２】金融機関の秩序ある処理の概要

> （対象となる金融機関等）
> ・　金融業全体（預金取扱金融機関、保険会社、金融商品取引業者、金融持株会社等）
>
> （認定手続）
> ・　金融危機対応会議の議を経て、内閣総理大臣が金融機関の秩序ある処理の必要性を認定
>
> （発動要件と措置内容）
> ・　市場の著しい混乱の回避のために必要と認められる場合
>   ⇒　預金保険機構による監視
>   ⇒　流動性供給・資金援助等の措置
>   ※　債務超過でない場合、必要に応じ、資本増強も可能
>   →　金融システムの安定を図るために不可欠な債務等の履行・継続を確保しながら、市場取引等の縮小・解消
>   →　市場の著しい混乱を回避しつつ、金融機関の秩序ある処理を実現
>   （注）措置を発動する場合には、契約上のベイルインを発動
>
> （資金調達・費用負担）
> ・　預金保険機構による資金調達に政府保証を付す
>   万一損失が生じた場合の負担は、金融業界の事後負担を原則
>   例外的な場合には政府補助も可能、預金保険機構の危機対応勘定で経理

いとも考えられる[15]。

(2) 金融機関等の財務状況

　金融機関の秩序ある処理が講じられる金融機関等の財務状況としては、まず、特定第１号措置は、流動性不足の解消や事業再編等により金融機関等の再建が可能であると見込まれる場合に講じられ、必要に応じて資本増強を行うこととしている。こうした措置を債務超過である金融機関等に講ずることは、そのような金融機関等を救済することにつながり、モラル・ハザード等の問題を惹起しかねず、必ずしも適切ではないと考えられることから、金融

15　白川方明『現代の金融政策』298頁以下（日本経済新聞出版社、2008年）を参照。

機関等が債務超過でないことを要件としている。

また、特定第2号措置においては、重要な市場取引等を特定承継金融機関等に引き継ぎ、特定資金援助により当該取引等に係る債務を履行させる一方、その他の債務は、預金保険制度等において保護される付保預金等を除いて、原則として倒産手続等において処理することとなるため、金融危機対応措置・預金保険制度の発動要件や民事再生法等の手続開始原因とのバランス等を考慮して、金融機関等について債務超過・債務超過のおそれまたは支払停止・支払停止のおそれがあることを要件としている。

なお、持株会社等（銀行持株会社・保険持株会社・指定親会社）については、子会社の経営管理以外の業務を行わないいわゆる純粋持株会社におおむね該当[16]し、その貸借対照表上の資産や損益計算書上の収益の大部分は子会社株式や配当収入等に占められていること等から、連結子会社の経営悪化の影響を直ちに受けるものである。また、持株会社等である連結親会社は、連結子会社とは経済的一体性を有していることから、重要な連結子会社が債務超過等にある場合においては、その経済的価値をできる限り毀損させることがないよう、持株会社等と一体として金融機関の秩序ある処理を行う必要がある場合も想定される。さらに、持株会社等に対する早期是正措置等の行政処分は、連結ベースでの財務状況等に照らして発動される[17]こととなっており、このような監督上の行政処分における取扱いとの整合性も考慮する必要がある。こうしたことから、持株会社等の財務状況の判断においては、持株会社等を頂点とした連結ベースでの財務状況等も勘案することになると考えられる。

(3) 金融機関の秩序ある処理についての認定手続

金融機関の秩序ある処理の必要性の認定については、金融危機に対応するための措置の必要性の認定（預金保険法102条）と同様、高度な判断を要す

---

[16] 銀行法52条の21第1項、保険業法271条の21第1項。
[17] 銀行法52条の33、保険業法271条の29、金融商品取引法57条の21。

るため、金融危機対応会議の議を経て内閣総理大臣が認定することとしている[18]。

金融危機対応会議とは、金融機関等の大規模かつ連鎖的な破綻等の金融危機への対応に関する方針その他の重要事項について審議し、これに基づき関係行政機関の施策の実施を推進する事務をつかさどるものである[19]。金融危機対応会議の構成員は、内閣総理大臣、官房長官、金融担当大臣、財務大臣、日本銀行総裁、金融庁長官とされており、議案に応じて関係大臣や関係機関の長を参加させることが可能とされている。金融危機対応会議は、これまで、第1回が平成15年5月17日にりそな銀行に対して、第2回が平成15年11月29日に足利銀行に対して、金融危機対応措置を講ずるために開催されている[20]。

4 金融機関の秩序ある処理の対象となる金融機関等

金融機関の秩序ある処理の枠組みは、前述のとおり、市場型の金融危機を防止し、金融システムの安定を図るものであることを踏まえ、市場参加者である金融業全体（銀行・銀行持株会社等、保険会社・保険持株会社等、一定の金融商品取引業者・指定親会社等）を対象としている（預金保険法126条の2第2項）。

具体的には、市場等を通じて伝播するような危機に対して、金融機関の秩序ある処理に関する枠組みを整備する必要性や通常の金融監督を通じてモラル・ハザードを低減することができる範囲等を考慮しながら、金融グループ単位を基礎として、業法規制等で金融監督の及ぶ範囲を参考にしつつ、その範囲を画している[21]。

---

18 報告書3．(2)を参照。
19 内閣府設置法42条1項。
20 http://www.kantei.go.jp/jp/singi/index/kinyu_index.html

(1) **対象となる金融機関等の具体的な範囲**

まず、銀行業態については、銀行法2条1項に規定する銀行や同法2条13項に規定する銀行持株会社に加え、業務または財産の状況に関し参考となるべき報告または資料の提出を求めることができる範囲等を参考に、銀行や銀行持株会社が経営を支配している子会社その他の法人[22]を対象としている。その他の預金取扱金融機関、すなわち、長期信用銀行・長期信用銀行持株会社、信用金庫・信用金庫連合会、信用協同組合・信用協同組合連合会、労働金庫・労働金庫連合会、株式会社商工組合中央金庫については、銀行と同様、その経営を支配している子会社その他の法人[23]と併せて、本制度の対象としている。

次に、保険業態については、保険業法2条2項に規定する保険会社や同条16項に規定する保険持株会社、同条7項に規定する外国保険会社等に加え、業務または財産の状況に関し参考となるべき報告または資料の提出を求めることができる範囲等を参考に、保険会社や保険持株会社が経営を支配している子会社その他の法人[24]を本制度の対象としている。

また、金融商品取引業態については、金融商品取引法28条1項に規定する第1種金融商品取引業者のうち同条8項に規定する有価証券関連業に該当するものを行う者、同法57条の12第3項に規定する指定親会社に加え、業務または財産の状況に関し参考となるべき報告または資料の提出を求めることができる範囲[25]等を参考に、第1種金融商品取引業者等がその総株主等の議決権の過半数を保有する銀行等や、指定親会社等が意思決定機関を支配している子会社等を、本制度の対象としている。

その他、金融商品取引法2条30項に規定する証券金融会社のほか、我が国

---

21 報告書3．(1)を参照。
22 銀行法24条2項、52条の31第2項。
23 長期信用銀行法17条、信用金庫法89条1項、協同組合による金融事業に関する法律6条1項、労働金庫法94条1項、株式会社商工組合中央金庫法57条2項。
24 保険業法128条2項、271条の27第1項。

の金融システムにおいて重要な地位を占める者として政令で定める者を、本制度の対象としている。

　我が国の金融システムにおいて重要な地位を占める者として政令で定める者については、預金保険法126条の２第２項各号に列記されている対象となる金融機関等の範囲との整合性に留意しつつ、当該金融機関等の金融システムにおける役割や国際的な議論の動向等を踏まえて、その範囲を検討していくことになる。

(2) 我が国金融機関の海外子会社等や外国金融機関の本邦支店等の取扱い

　我が国金融機関の海外子会社等や外国金融機関の本邦支店等については、国際的に活動するシステム上重要な金融機関のクロスボーダーでの破綻処理において、監督当局間の国際的な協調の中で、我が国においても、金融システムの安定を確保するために必要な措置を講ずる必要がある場合があり得る。

　まず、国際的に活動するシステム上重要な金融機関の破綻処理においては、母国当局が、我が国金融機関の海外子会社等を含め、グループ単位でシステム上重要な業務の継続等を図るため、金融グループの海外子会社等を含め、グループ全体について金融機関の秩序ある処理を行う必要が生ずる場合がある[26]。

　また、外国金融機関の本邦支店等については、その母国当局が主体となって処理を行うべきであると考えられるが、国際的な協調の中で、その本邦支店等の破綻処理を支援する必要が生ずる場合や、母国当局が破綻処理のための措置を講じない場合において我が国の金融システムの安定を確保するため

25　金融商品取引法56条の２第１項、57条の10第２項。
26　英国イングランド銀行と米国連邦預金保険公社は、2012（平成24）年12月に、FSBの「主要な特性」を踏まえ、国際的に活動するシステム上重要な金融機関等を円滑に処理するための１つの方策として、こうした方向性を示している（http://www.fdic.gov/about/srac/2012/gsifi.pdf）。また、FSB, Recovery and Resolution Planning for Systemically Important Financial Institutions: Guidance on Developing Effective Resolution Strategies, July 2013も参照。

【資料3】金融機関の秩序ある処理（特定第1号措置）

(債務超過でないことを前提)

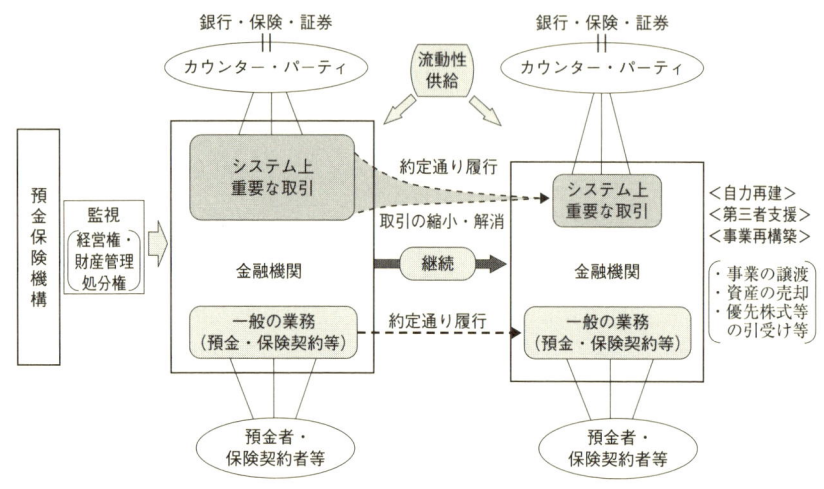

<自力再建>
<第三者支援>
<事業再構築>
・事業の譲渡
・資産の売却
・優先株式等の引受け等

出所：金融庁「金融商品取引法等の一部を改正する法律（平成25年法律第45号）に係る説明資料」

【資料4】金融機関の秩序ある処理（特定第2号措置）

(債務超過等の場合)

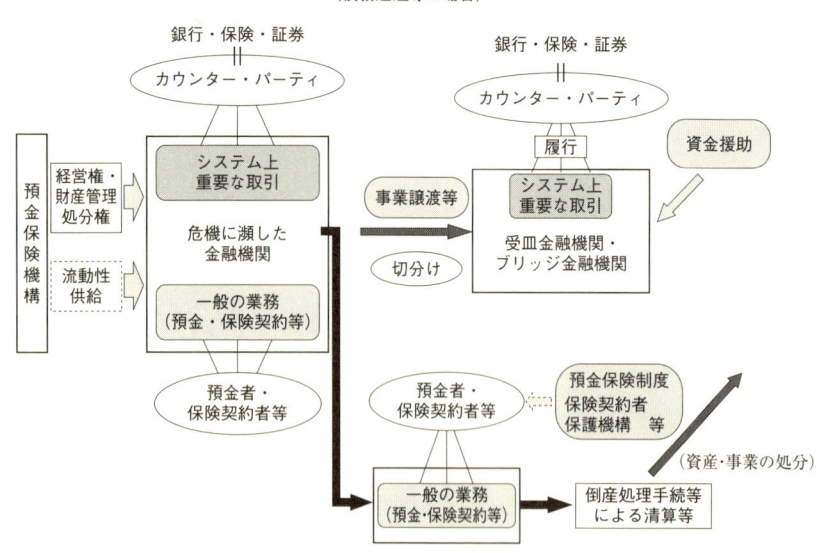

出所：金融庁「金融商品取引法等の一部を改正する法律（平成25年法律第45号）に係る説明資料」

に自ら破綻処理を行う必要が生ずる場合があり得るところであり、FSBの「主要な特性」においても、外国金融機関の支店等について、破綻処理の枠組みの対象とすべきであるとされている[27]。

こうしたことから、金融機関の秩序ある処理においては、国際的な協調等を可能にし、我が国の金融システムの安定を確保する観点から必要がある場合等に備え、我が国金融機関の海外子会社等や外国金融機関の本邦支店等についても、本制度の対象としている。

5 金融機関の秩序ある処理の内容

金融機関の秩序ある処理の枠組みにおいては、市場型の金融危機に対して、金融市場その他の金融システムの安定を図るため、預金保険機構の特別監視・特定管理のもと、流動性供給等により重要な市場取引等を履行させ、必要に応じて、資金援助や資本増強を行うこととしている[28]。

まず、特定第1号措置においては、金融機関等が債務超過でないことを前提に、市場取引等の縮小・解消を図りつつ、預金保険機構が流動性を供給し、債務を約定どおり履行させることを確保すること等を通じて市場の安定を図るほか、必要に応じて、特定株式等の引受け等、資産の売却、事業の譲渡等を行うこととしている。

また、特定第2号措置においては、金融機関等が債務超過等の場合に、金融システムの安定を図るために不可欠な債務等を承継金融機関に迅速に引き継ぎ、その際に資金援助を行うことにより、当該債務等を履行させ、その他の債務等は基本的に倒産手続等の中で処理を行うこととしている。

なお、その際、金融機関の秩序ある処理においては、金融機関等の債権者等にも負担を求めるため、内閣総理大臣は、金融機関等のうち内閣府令・財務省令で定めるものに係る特定認定を行おうとする場合において、契約等に

---

27 KA 7.3.
28 報告書3．(3)を参照。

定められたベイルイン（無担保債権や株式の元本削減、消却または転換等）に関する決定を行うこととしている。

(1) 特別監視・特定管理等

　金融機関の秩序ある処理の枠組みにおいて、預金保険機構は、金融機関の秩序ある処理の対象となった金融機関等について、その業務の遂行や財産の管理または処分について監視することとしている。

　具体的には、内閣総理大臣は、特定認定が行われたときは、直ちに、当該特定認定に係る金融機関等を、その業務の遂行ならびに財産の管理および処分が預金保険機構により監視される者（以下「特別監視金融機関等」という）として指定することとしている（預金保険法126条の3第1項）。

　預金保険機構による特別監視の内容については、金融システムの著しい混乱を生ずるおそれの態様や当該金融機関等の財務状況等によって異なるが、例えば、金融機関等に対して流動性供給等がなされた場合、供給された資金等が適正かつ効率的に利用されていること、特別監視金融機関等が提出した経営に関する計画（同条5項等参照）等に沿って業務執行が行われていること等について監視することが考えられる。

　こうした監視と併せて、これを実効的なものとするため、金融機関等の業務の遂行や財産の管理および処分について、預金保険機構は、特別監視金融機関等が作成する経営に関する計画の履行の確保のために必要な助言・指導・勧告等を行うことができることとしているほか、内閣総理大臣は必要な命令を行うことができることとしている（同条2項・3項・5項）。

　金融機関の秩序ある処理のうち、特定第2号措置においては、債務超過等であることを前提として、預金保険機構が金融機関等の管理を行うこととし、預金保険機構に当該金融機関等の代表権・業務執行権・財産管理処分権を基本的に専属させることとしている。

　具体的には、内閣総理大臣は、一定の要件に該当すると認めるときは、特定第2号措置に係る特定認定に係る金融機関等に対し、預金保険機構による

業務および財産の管理を命ずる処分（以下「特定管理を命ずる処分」という）をすることができることとしている（同法126条の5第1項）。

　預金保険制度において、金融整理管財人（同法第5章）が預金保険機構以外の者が選任されることも予定されているのに対して、金融機関の秩序ある処理においては、預金保険機構のみをその主体としていることから、金融機関等の代表権・業務執行権・財産管理処分権を預金保険機構に直接専属させることとしている。

　具体的には、金融機関等の代表権・業務執行権・財産管理処分権は、預金保険機構に専属することにより、会社法における取締役および執行役等の権限は、預金保険機構が単独で行使することができることとなる。このほか、会社訴訟に関する取締役等の権限（会社の組織に関する行為の無効の訴え（会社法828条）、株主総会等の決議取消しの訴え（同法831条））等についても同様としている。また、金融整理管財人に現在認められている権限については、金融機関の秩序ある処理を実施する預金保険機構についても原則として認めることとしている（預金保険法126条の5第2項、126条の9参照）。

　なお、特定管理を命ずる処分があったときは、金融機関等に係る特別監視は、特定管理を命ずる処分が終了するまでの間停止する（同法126条の5第6項）こととしているが、当該金融機関等は特別監視金融機関等であり続けることは変わらず、特別監視金融機関等に関する預金保険法上の規定が依然として適用される。

　預金保険機構は、特別監視指定に係る監視の実施を第三者（特別監視代行者）に委託することや、特定管理を命ずる処分に係る業務を行わせるため、代理人（機構代理）を選任することができることとしている（同法126条の4、126条の6）。

　特別監視代行者や機構代理については、預金保険機構は金融機関の秩序ある処理を円滑に進めるために保険契約者保護機構や投資者保護基金等と連携することが想定されているため、こうした機構等への委託等が考えられる。

　そのため、保険契約者保護機構や投資者保護基金の業務の範囲に、特別監

視代行者および機構代理等の業務を追加することとしている（保険業法265条の28、金融商品取引法79条の49）。

特別監視・特定管理については、特別監視指定または特定管理を命ずる処分の日から1年以内に終えることとしているが、やむを得ない場合には1年に限り延長することができることとしている（預金保険法126条の10、126条の12）。

なお、内閣総理大臣は、金融機関の秩序ある処理を円滑に実施するために必要があると認めるときは、特定認定に係る金融機関等の資産を国内において保有することを命ずることができることとしている（同法126条の17）。

(2) 特定第1号措置

a 資金の貸付け等（流動性供給等）

金融機関等は、債務超過ではなくとも流動性が枯渇すること等により、金融システムの著しい混乱を生ぜしめるおそれがある場合があり得る。特定第1号措置においては、こうした場合に、当該金融機関等の一時的な流動性不足を解消しつつ、その円滑な処理を進めるために、当該金融機関等に預金保険機構から我が国の金融システムの著しい混乱が生ずるおそれを回避するために必要な資金を貸し付けることや、預金保険機構が我が国の金融システムの著しい混乱が生ずるおそれを回避するために必要な債務の保証をすることができることとしている（預金保険法126条の19第1項）。

特定第1号措置において金融機関等が債務超過でないことを前提に行う流動性供給等については、当該金融機関等が存続することが想定され、金融システムの混乱を回避しつつ市場取引等を縮小・解消していくための一般的な貸付けであると考えられる。

これに対して、特定第2号措置において金融機関等が債務超過等であることを前提になされる資金の貸付けについては、現行の預金保険法127条（預金等の払戻しのための資金の貸付け）や同法128条（資産価値の減少防止のための資金の貸付け）と同様、その不履行により金融システムの著しい混乱

を生じさせるおそれがあると認められる種類の債務の弁済や資産価値の減少防止といった特定の目的のためになされるものである（同法127条の2、128条の2参照）。

特定第1号措置における資金の貸付け等については、金融機関等の他の債権者に対して債務の履行がなされることにより市場取引等の履行が確保されるという債権者全体の利益に加えて、金融市場等の混乱を回避することにより金融システムの安定という公益が保護されることとなるものであるから、その公共性・緊急性が認められるため、民法の規定による一般の先取特権に次ぐものとして、法律上の先取特権を与えることとしている（同法126条の19第3項）。

b　特定株式等の引受け等（資本増強）

特定第1号措置を講ずる場合においては、市場型の金融危機に対して、金融機関等に流動性を供給しつつ市場取引等を縮小・解消することが想定されているところ、自力再建・第三者支援・事業再構築を行う中で、必要に応じて、特定株式等の引受け等（資本増強）・資産売却・事業譲渡等を行うこととしている。

こうした場合において、金融機関等の財務の健全性を向上させて、金融システムを安定させるため必要があるときは、金融機関等が債務超過・支払停止ではないことを前提として、経営合理化・経営責任の明確化等を行いつつ、預金保険機構が特定株式等の引受け等を行うことを可能としている。

これは、債務超過ではない過小資本等の段階で早期に措置を講ずることにより、処理コストを低減させることが可能であると考えられることから、現在の金融危機対応措置においても同様の資本増強措置を講ずることが規定されていることも踏まえ、金融機関の秩序ある処理においては、金融機関等が債務超過・支払停止ではない場合には、必要に応じて資本増強等を講ずることを選択肢としたものである。

具体的には、特定第1号措置に係る特定認定がなされた金融機関等と預金保険機構が、当該金融機関等の財務内容の改善のために特定株式等の引受け

等の決定を求めた場合には、内閣総理大臣は、一定の要件に該当する場合に限り、特定株式等の引受け等を行うべき旨の決定をすることとしている(預金保険法126条の22～126条の27)。

特定株式等の引受け等とは、優先株式以外の株式の引受け、優先株式・優先出資の引受け、劣後特約付社債の引受け、劣後特約付金銭消費貸借による貸付け、株式会社・協同組織金融機関以外の出資の引受け・基金の拠出をいう(同法126条の22第1項、126条の28第3項、2条6項～9項等)。

また、こうした金融機関等は、特定株式等の引受け等の申込みを行わないときは、それ以外の方法による財務内容の改善のための措置を定めた計画を提出しなければならないこととしている(同法126条の21)。

特定第1号措置における特定株式等の引受け等の具体的な手続等については、金融危機対応措置における株式等の引受け等(資本増強)(同法105条～109条)とおおむね同様の手続等により、実施されることとしている。

(3) 特定第2号措置

a 特定合併等と特定資金援助等

特定第2号措置においては、金融機関等が債務超過等の場合に、現在の承継銀行制度や資金援助制度と同様の方式により、金融システムの安定を図るために不可欠な債務等を特定承継金融機関等に迅速に引き継ぎ、その際に特定資金援助を行うことにより、当該債務等を履行させ、その他の債務等は基本的に倒産手続の中で処理することとしている。

具体的には、特定合併等(後述)を行う金融機関等で特定第2号措置に係る特定認定に係る金融機関等(以下「特定破綻金融機関等」という)でない者等(以下「特定救済金融機関等」という)が、預金保険機構が特定合併等を援助するため特定資金援助を行うことを預金保険機構に申し込んだ場合には、内閣総理大臣が一定の要件に該当する場合に限り特定合併等について認定(特定適格性認定(後述b参照))を行うこと等を前提に、預金保険機構は、特定資金援助を行う旨の決定ができることとしている(同法126条の

28～126条の32）。

　特定資金援助の方式については、現行の資金援助（同法59条１項）と同様、金銭の贈与、資金の貸付けまたは預入れ、資産の買取り、債務の保証、債務の引受け、特定優先株式等の引受け等、損害担保が掲げられており（同法126条の28第１項）、特定資金援助の前提となる特定合併等についても、資金援助の対象となる合併等（同法59条２項）と同様、吸収合併、新設合併、事業譲渡等、債務引受、株式取得、吸収分割、新設分割が掲げられている（同法126条の28第２項）。なお、今般の預金保険法改正においては、現在の資金援助の対象となる合併等に、吸収分割および新設分割を追加することとしている（同法59条２項等）。

　特定第２号措置における特定資金援助の具体的な手続等については、預金保険制度や金融危機対応措置における資金援助（同法59条～69条、110条３項）とおおむね同様の手続等により、実施されることとしている。

　また、預金保険機構は、特定管理を命ずる処分を受けた金融機関等からその不履行により我が国の金融システムの著しい混乱を生じさせるおそれがあると認められる種類の債務の弁済のために必要とする資金の貸付けの申込み等を受けた場合において、必要があると認めるときは、当該申込み等に係る資金の貸付けを行う旨の決定をすることができることとしている。これに関して、破産手続開始の決定等があるときは、破産法等の規定にかかわらず、裁判所は当該債務の弁済その他これを消滅させる行為を許可すること等ができることとしている[29]（同法127条の２、127条の４等）。

　これは、特定管理を命ずる処分を受けた金融機関等のシステム上重要な債務について、流動性不足から履行できない場合等や、倒産法制上偏頗弁済として履行が禁止されることとなる場合には、当該債務が履行できないために金融システムの安定が害され、金融機関の秩序ある処理を円滑に進めることができなくなることを回避するための規定である。

b　特定適格性認定

　特定資金援助の対象となる特定合併等により履行が確保される重要な市場

取引等については、金融機関の秩序ある処理がこれを履行させることにより金融システムの安定を確保しつつ実効的な破綻処理を可能とするものであることを踏まえ、金融機関の秩序ある処理が講じられない場合には金融システムの著しい混乱を生じさせるおそれがあるものとしている（同法126条の29第3項3号）。

　その具体的な範囲については、債務が履行されない場合に外部の第三者に与える影響、金融機関等相互の資金関係、金融商品の市場性や商品構造、国内外の金融市場や経済情勢の動向等を踏まえて、金融システムの著しい混乱を回避するために履行させることが必要かどうかについて、その時点で判断されることとなる。

　これに関連して、金融機関の秩序ある処理の枠組みの整備と併せて、FSBの「主要な特性」等に従って、国際的に重要な金融機関等や破綻時に金融システムに大きな悪影響を及ぼす可能性がある金融機関等については、再建・処理計画（Recovery and Resolution Plan）[30]を策定し、危機時に迅速な対応が可能となるよう備えておくこととなる。このうち、処理計画は、危機時において、金融当局が自国の処理制度を活用して、金融機関の秩序だった処理を行うための方策を、海外当局と協議の上であらかじめ定めておくこととされている。この処理計画の中では、金融機関の秩序ある処理において重要な市場取引等の範囲を検討し、承継機関への事業譲渡に必要な手続等を事前に確認しておくこと等により、危機時において迅速に対応できるよう入念な準備を行うこととなる[31]。

　こうした中で、仮に金融機関の秩序ある処理が必要になった場合に備え、

---

[29] 破産法100条1項、民事再生法85条1項、会社更生法47条1項、金融機関等の更生手続の特例等に関する法律（以下「更生特例法」という）34条および199条において倒産手続外での弁済等が禁止される行為は、債権を満足させる行為一切を意味するところ、預金保険法127条の4における破産法等の規定の特例の許可対象となる行為は債権を満足させる行為一切であり、弁済が許可対象として認められる以上、弁済と同様に債権を消滅させる効果を有するその他の債権を満足させる行為も許可対象としている。

[30] KA 11、AnnexⅢ Essential Elements of Recovery and Resolution Plansを参照。我が国における再建・処理計画の策定については、平成24事務年度主要行等向け監督方針「3．リスク管理と金融システムの安定(3)国際的に活動し、大規模で多様な業務を行う金融機関に対する深度ある監督」を参照。

国際的に活動する大規模な金融機関等の取引状況等を把握して、重要な市場取引等の切り分けも含め、着実に事前準備を行っていくこととなる。

c　預金取扱金融機関の付保預金や保険会社の補償対象保険契約との関係

　特定第2号措置において、預金取扱金融機関における付保預金や保険会社における補償対象保険契約については、少なくともこれまでの利用者保護制度である預金保険制度や保険契約者保護制度を活用して同様な保護を受けることとなる。すなわち、重要な市場取引等についての特定合併等は、金融機関の秩序ある処理により迅速に行われる一方、付保預金の移転等については、これまでの利用者保護制度である預金保険制度や保険契約者保護制度を用いて行われ、金融機関の秩序ある処理と預金保険制度等の手続が並行して進められることとなる。

　具体的には、預金取扱金融機関については、システム上重要な債務等は特定合併等（＋特定資金援助）により移転・履行させ、付保預金は合併等（＋資金援助）により移転・履行させることとなる。次に、保険会社については、システム上重要な債務等は特定合併等（＋特定資金援助）により移転・履行させ、保険債務は保険契約の移転等（＋保険業法上の資金援助）により移転・履行させることとなる。そして、証券会社については、システム上重要な債務は特定合併等（＋特定資金援助）により移転・履行させ、顧客資産の返還債務は投資者保護基金制度により保護されることとなる。

　そのため、金融機関の秩序ある処理（預金保険法第7章の2）の手続と預金保険制度（同法第3章）の手続、金融機関の秩序ある処理の手続と保険契約者保護制度（保険業法第2編第10章）の手続を並行して発動するため所要の規定を整備している（預金保険法126条の2第6項・10項、126条の5第5項等、同法附則15条の6参照）。

31　FSB, Recovery and Resolution Planning for Systemically Important Financial Institutions: Guidance on Identification of Critical Functions and Critical Shared Services, July 2013を参照。

d 特定承継金融機関等と特定再承継

内閣総理大臣は、特別監視金融機関等の債務等承継のため必要があると認めるときは、預金保険機構が特定承継金融機関等を子会社として設立する旨の決定等を行うことができることとしている[32]（同法126条の34～126条の37）。

特定承継金融機関等は、特別監視金融機関等の特定合併等に際して、その受皿金融機関となる特定救済金融機関等が直ちに現れない場合に、特別監視金融機関等の債務等を引き継ぎ、かつ、その業務の暫定的な維持継続等を行うために設立されるものである。

現在の承継銀行（同法91条以下）や協定銀行（同法附則7条以下）は銀行法等で認められた事業のみ営業できる一方、金融機関の秩序ある処理の対象となる金融機関等には預金取扱金融機関以外の者も含まれ、銀行法・保険業法・金融商品取引法等により他業禁止の業法規制があるため、金融機関の秩序ある処理において、承継銀行等が譲り受けることができない場合[33]に備え、金融業態ごとに、特定承継金融機関等（特定承継銀行、特定承継保険会社、特定承継金融商品取引業者または特定承継会社）を活用する必要があり得ることから、特定承継金融機関等を設立することを可能としている。

また、特定承継金融機関等からの特定再承継を行う金融機関等で特定承継金融機関等でない者等が、預金保険機構が特定再承継を援助するため特定資金援助を行うことを預金保険機構に申し込んだ場合には、内閣総理大臣が、一定の要件に該当する場合に限り特定再承継について認定を行うことを前提に、預金保険機構は、特定資金援助を行う旨の決定ができることとしている（同法126条の38）。

---

32 特定第1号措置の場合においても、特定承継金融機関等を活用することは法文上排除されておらず、例えば、特定第1号措置の対象となった金融機関等の事業の一部を切り離すことが金融機関の秩序ある処理のために必要であり、その承継先が現れない場合等に活用することも考えられる。
33 ただし、金融機関の秩序ある処理においても、業務の継続の特例（預金保険法67条）が準用されていることに留意が必要である（同法126条の31等）。

(4) ベイルイン（無担保債権や株式の元本削減、消却または転換等）

　ベイルインとは、一般に、金融機関が危機的状況に陥るなど一定の事由が生じた場合に、債権者や株主に損失を吸収させるため、当該金融機関に係る無担保債権や株式を元本削減、消却または転換等させることをいう。ベイルインには、一定の事由が生じた場合に、破綻処理当局にベイルインを行う権限が法律上生じ、破綻処理当局の権限によりベイルインの効果を発生させるもの（法的ベイルイン）と、契約上の効力として、ベイルインの効果を発生させるもの（契約上のベイルイン）とがある[34]。

　FSBの「主要な特性」は、システム上重要な金融機関の機能を維持しつつ、安易に納税者に負担を求めず、金融機関を円滑に処理するため、その処理に際して生じた損失を株主や無担保債権者等に負担させる権限（ベイルイン）を各国が保有するべきであるとしている。これに関して、米国ドッド・フランク法において、財務長官から管財人として任命される連邦預金保険公社は、管財人として無担保債権の元本削減等を行うことが可能となっている[35]。また、EU再建・処理指令案においては、付保預金等を除きベイルインの権限が規定される一方、重要な経済機能の維持等のためベイルイン対象から一定の債務を除外することも規定されている[36]。

　我が国の金融機関の秩序ある処理の枠組みにおいては、金融機関等が債務超過等の場合に、その債権者等にも処理に要する費用を負担させるため、契約等に定められたベイルインについて決定を行うこととしている。

　具体的には、内閣総理大臣は、金融機関等のうち内閣府令・財務省令で定めるものに係る特定認定を行おうとする場合等において、金融機関等が発行した一定の劣後債等について、当該金融機関等の自己資本その他これに相当

---

[34] Jianping Zhou, Virginia Rutledge, Wouter Bossu, Marc Dobler, Nadege Jassaud and Michael Moore, From Bail-out to Bail-in: Mandatory Debt Restructuring of Systemic Financial Institutions, IMF Staff Discussion Notes No.12/3（2012年）を参照。
[35] 米国ドッド・フランク法210条(a)(1)(M)。
[36] EU再建・処理指令案第4編第5節（37条～50条）。

するものにおける取扱いを決定することとしている（同法126条の2第4項等[37]）。

　敷衍すると、契約上ベイルイン条項が付された劣後債等を発行している金融機関等が特定認定を受ける場合等において、当該ベイルイン条項に基づき元本削減、消却または転換等の法的効果が発生するところ、内閣総理大臣は、その法的効果の発生に伴う当該劣後債等の自己資本等における取扱いを決定することとなる。

　平成25年3月末より国際的に活動する銀行に適用されている新しい自己資本比率規制であるバーゼルⅢにおいて、危機に瀕した金融機関等を救済するために公的資金が注入されることによって、本来損失を負担すべきである当該金融機関等の資本調達手段が保護されることを防ぐため、その他Tier 1資本調達手段またはTier 2資本調達手段について実質破綻認定時に元本削減または普通株式への転換がなされること（いわゆる実質破綻時損失吸収条項）が求められている[38]。これに沿って発行される劣後債等については、契約等に定められたベイルインがなされることとなるが、内閣総理大臣はこれに係る決定を行うこととなる。

　実質破綻時損失吸収条項の趣旨は、実質破綻認定時に劣後債等を消滅等させて、劣後債権者等を公的資金により安易に救済することを回避するものであるところ、自己資本その他における取扱いとは、劣後債等の消滅（債務免除・発行会社による取得）等による自己資本比率規制上の自己資本等の減少を意味する。また、この対象となるベイルイン条項が付された劣後債等が発行されている場合には、本決定により、債務の消滅、負債の資本化、優先株式の普通株式化等を通じて、金融機関等の自己資本比率、ソルベンシー・マージン比率または自己資本規制比率を変更させる効果を有するものであるため、銀行における自己資本のみならず、保険会社または証券会社等におけ

37　金融危機対応措置においても、同様の措置を規定している（預金保険法102条3項）。
38　銀行法14条の2の規定に基づき、銀行がその保有する資産等に照らし自己資本の充実の状況が適当であるかどうかを判断するための基準（平成18年金融庁告示第19号）6条4項15号、7条4項10号等を参照。

る自己資本に相当する概念である資本金・基金・準備金等に関する取扱いを決定することも想定し得る規定がなされている[39]。

また、我が国においては、金融機関等が債務超過等の場合に金融機関の秩序ある処理と併せて実施されることが想定される再生手続等の倒産手続の中で、無担保債権や株式の元本削減、消却または転換等が可能となっている[40]。こうした倒産手続の中での無担保債権や株式の元本削減、消却または転換等も含めて、金融機関の秩序ある処理の枠組みにおいて、ベイルインと同様に、その処理に際して生じた損失を株主や無担保債権者等に負担させることとなる。

このように、金融機関の秩序ある処理の枠組みにおいては、ベイルイン等の在り方については、FSBの「主要な特性」を踏まえ、我が国の預金保険制度・金融危機対応措置や倒産法制等との関係にも留意し、金融機関等の財務状況等に応じて、株主等の財産権等にも配意しつつ、株主や無担保債権者等に必要に応じて負担を求めていくこととしている。

(5) 資産の買取り

預金保険機構が資産の買取りを行うことができる対象に、特別監視金融機関等および協定特定承継金融機関等を追加することとしている（預金保険法129条）。

これは、特別監視金融機関等および協定特定承継金融機関等の資産の切離しを迅速に行うことで、これらの金融機関等が保有する資産の劣化等を防ぐとともに、最終受皿金融機関の確保等を容易にすることにより、金融システムの安定を図りつつ、金融機関の秩序ある処理を円滑に進めるためのものである。

---

[39] 自己資本比率（銀行法14条の2）、ソルベンシー・マージン比率（保険業法130条）、自己資本規制比率（金融商品取引法46条の6）を参照。
[40] 民事再生法154条以下、会社更生法167条以下等。

6 会社法制・倒産法制等の特例

(1) 株主総会等の特別決議等に代わる許可（代替許可）

　金融機関の秩序ある処理においては、金融機関等の重要な経済的機能を維持し、金融システムの安定を確保するため、迅速に事業譲渡等を行う必要がある。会社法上、事業譲渡等には株主総会等の特別決議等が必要とされているが、預金保険法上、これに代わる裁判所の許可（以下「代替許可」という）により、これを省略して事業譲渡等を行うことを可能としている（同法87条参照）。この場合、債務超過を代替許可の要件とすると、金融機関の秩序ある処理において、迅速に事業譲渡等を行うことができず、重要な経済的機能が急速に毀損し、金融システムの著しい混乱を生ずるおそれがある。

　こうした事態を避け、金融システムの安定を確保するため、債務超過・債務超過のおそれまたは支払停止・支払停止のおそれがある場合にも、代替許可により、株主総会等の特別決議等を省略して事業譲渡等を行うことができることとしている。この代替許可の対象となる行為については、全部取得条項付種類株式の発行のために必要な定款の変更および取得ならびにこれとともにする新規株式発行（いわゆる100％減資）、資本金の額の減少、事業の全部または重要な一部の譲渡、会社分割、保険契約の移転が規定されている（預金保険法126条の13第1項～3項）。

　なお、今般の預金保険法改正においては、現在の代替許可の対象に、100％減資を追加することとしている（同法87条1項）。

　また、特別監視金融機関等の役員等の選解任や外国会社等の日本における代表者の設置等についても、当該金融機関等が債務超過・債務超過のおそれまたは支払停止・支払停止のおそれがある場合において、当該役員等に引き続き職務を行わせることが適切でないと認めるときは、事業譲渡等に係る代替許可と同様に、株式会社等の決議等を省略して役員等の選解任等を行うこ

とができることとしている（同法126条の13第4項・5項・8項）。

(2) 金融機関の秩序ある処理と倒産手続との関係

　特定第1号措置においては、金融機関等が債務超過でないことを前提に、金融機関等に対して預金保険機構から流動性供給等を行い、金融機関等は、こうした流動性供給等を受けながら、その市場取引等を縮小・解消しつつ、債務を約定どおり履行することが予定されているため、倒産手続の開始原因は存在しないと考えられ、こうした措置と並行して、裁判所における倒産手続を進めることは想定されていない。

　一方、特定第2号措置においては、金融機関等が債務超過等であるため、預金保険機構が金融機関等の代表権・業務執行権・財産管理処分権を掌握して、重要な市場取引等について迅速に特定合併等を行いながら処理を進めていくことが予定されており、原則として、こうした特定合併等がなされた後に、裁判所における倒産手続を進めることが想定されている。

　ただし、特定第2号措置を講ずる場合には金融機関等に倒産手続の開始原因が存在することが想定され、重要な市場取引等の事業譲渡等がなされた後に、再生手続や更生手続等の倒産手続の中で、付保預金や保険契約の移転を行うことや、倒産手続上の保全処分等が必要となる場合には倒産手続を活用すること等もあり得ることから、金融機関の秩序ある処理を実施する場合においても、倒産手続を並行して進めることは考えられる。

　この場合、債権者から倒産手続申立て等がなされたとしても、その開始決定前において、金融機関の秩序ある処理の枠組みで特定合併等を行うことは当然可能であると解されるほか、倒産手続の開始決定がなされた後においても、後述のとおり、重要な市場取引等に係る特定合併等には、破産法等の規定の一部を適用しないこととし、倒産手続外において特定合併等を行うことを可能としている。

　その他、倒産手続が開始した場合にも、預金保険機構が、破産管財人等として金融機関等の財産管理処分権等を掌握して破綻処理を継続的に行うこと

を可能とするため、破産法上の破産管財人等の業務を行うことを可能としている。

具体的には、預金保険機構の業務として限定列挙されている業務（預金保険法34条）に、破産法の規定により選任される破産管財人、保全管理人、破産管財人代理もしくは保全管理人代理、民事再生法の規定により選任される監督委員、管財人、保全管理人、管財人代理もしくは保全管理人代理、会社更生法の規定により選任される管財人、管財人代理、保全管理人、保全管理人代理もしくは監督委員、金融機関等の更生手続の特例等に関する法律の規定により選任される管財人、管財人代理、保全管理人、保全管理人代理もしくは監督委員または外国倒産処理手続の承認援助に関する法律の規定により選任される承認管財人、保全管理人、承認管財人代理もしくは保全管理人代理の業務を追加することとしている（預金保険法34条13号）。

(3) 債権者からの倒産手続申立てや強制執行等への対応

a 破産手続開始の申立て等に係る内閣総理大臣の意見等

金融機関の秩序ある処理が講ぜられているにもかかわらず、倒産手続開始の要件を充足していると、債権者による倒産手続開始の申立てにより、倒産手続の開始決定等がなされることが想定される。倒産手続が開始されると、弁済等が原則として禁止されてしまうなど金融機関の秩序ある処理との関係で様々な影響が生じ得ることが考えられる。

そのため、内閣総理大臣は、特別監視金融機関等に対し破産手続開始の申立て等が行われたときは、その申立てに係る決定等がなされる前に、裁判所に対し、特別監視金融機関等に関する事項の陳述をし、当該決定等の時期等について意見を述べることができることとしている（預金保険法126条の15）。

b 特定適格性認定等に係る特定合併等に対する破産法等の規定の適用

特定認定がなされた金融機関等に対して、倒産手続の開始決定等がなされると、その効力として、管理処分権が管財人等に専属し[41]、事業譲渡等をな

すための手続要件が加重され[42]、または、更生手続の場合には更生計画によらなければ事業譲渡等をなすことができなくなり[43]、迅速に事業譲渡等を行うことが困難になる。

　金融機関の秩序ある処理において迅速な事業譲渡等を行うため、倒産手続の開始決定等がなされた場合にも、こうした規定は特定適格性認定等に係る特定合併等には適用せず、倒産手続外において、金融機関の秩序ある処理として特定合併等を行えることとしている（同法126条の33）。

ｃ　差押禁止動産等

　金融機関等が債務超過等である場合には、特定第２号措置により、重要な市場取引等を迅速に事業譲渡等させ、金融機関等のシステム上重要な業務の継続を確保することが想定されており、これらの業務に係る資産は早期に責任財産から逸出することが予定されている。

　こうした中で、金融機関等のシステム上重要な業務に係る資産に対して強制執行がなされると当該資産の利用が制限されるなど、システム上重要な業務の継続に支障が生じ得るほか、当該資産を特定承継金融機関等に移転することができなくなる結果、我が国の金融システムの著しい混乱を生じさせるおそれがある。

　したがって、特定第２号措置に係る特定認定に係る金融機関等の業務に係る動産等であって、特定合併等により特定救済金融機関等に承継等されるものは、差し押さえることができないこととし、特定承継金融機関等に確実に移転させることとしている（同法126条の16）。

　なお、金融機関等の債権者一般の利益のための責任財産の保全については、従前と同様、特定衡平資金援助等により確保されることとなる（同法

41　破産法78条、93条、民事再生法66条、81条、会社更生法32条、72条、更生特例法23条、45条、188条、211条、外国倒産処理手続の承認援助に関する法律34条、53条。
42　破産法78条、93条、民事再生法41条、42条、54条２項・４項、81条、会社更生法32条、35条２項・４項、46条、72条、更生特例法23条、25条（１項を除く）、33条、45条、188条、190条（１項を除く）、198条、211条、会社法527条１項、535条、536条、896条、外国倒産処理手続の承認援助に関する法律31条、35条、55条１項。
43　会社更生法45条、46条、更生特例法32条、33条、197条、198条。

126条の31、126条の32第4項参照)。

(4) 回収等停止要請

預金保険機構は、特別監視金融機関等の債権者である金融機関等が特別監視金融機関等に対し債権回収等の権利行使をすることにより、金融機関の秩序ある処理が困難となるおそれがあると認められるときは、我が国の金融システムの著しい混乱が生ずるおそれを回避するために必要な措置が講ぜられるまでの間、債権回収等をしないように要請しなければならないこととしている（預金保険126条の14)。

これは、特別監視金融機関等は、弁済期が到来した債務について、システム上重要でない債務を含め弁済する義務を負うところ、金融機関等に対して債権回収等の停止を要請することにより、金融機関の秩序ある処理を適正かつ円滑に実施することを目的としたものである。

7 その他の民事法制等の特例

(1) 事業譲渡等における債権者保護手続の特例等

事業譲渡等における債権者保護手続の特例（預金保険法131条）について、特定合併等による事業譲渡等や債務の引受けおよび譲渡禁止の特約のある債権の譲渡について、事前に債権者等の承諾を得る手続または公告等により異議申立権を保障する手続[44]を行うことなく、迅速に事業譲渡等を行うことができることとしている（同条1項・2項)。

特定破綻金融機関等は、事後的に、その債権者等に対して異議申立て等に係る公告または催告を行うこととし、こうした債権者等が異議申立てを行った場合には、事業譲渡等に係る債務の引受け等は遡及的に効力を失うととも

---

44 銀行法34条、35条等、金融商品取引法50条の2。

に、必要に応じて、当該債権者等は特定救済金融機関等に対して、弁済を受けることができないこととなった金額の支払請求をすること等ができることとしている（同条3項～8項）。

なお、デリバティブ契約等の移転については、同条において、相手方当事者の事前の同意は不要となるが、これにより、担保提供者が担保権者に対して消費貸借契約の構成により提供している担保の移転[45]を含めて、譲渡禁止の特約のある債権についても、債務者の事前の承諾を得ることなく特定事業譲渡等を行うことができることとなる。デリバティブ契約等の担保物が質権設定の構成により提供されている場合については、後述(5)（預金保険法133条の2）参照。

(2) **信託業務の承継等における受託者の変更手続の特例**

信託業務および特定目的信託の受託者の変更手続について、特定破綻金融機関等を追加することとしている（預金保険法132条、132条の2）。

(3) **信託契約の委託者の地位の移転手続の特例**

特定破綻金融機関等は、特定救済金融機関等との間の事業の譲渡に係る契約をもって、信託契約の委託者の地位を移転することができることとしている（預金保険法132条の3）。

金融商品取引業者は、その顧客から有価証券関連業務に係る一定の取引等に関して預託を受けた金銭等について、その分別管理のため、所定の顧客分別金を信託会社等に信託することが義務付けられている（金融商品取引法43条の2第2項）。この信託財産について特定救済金融機関等に移転（委託者としての地位を移転）する必要がある場合、委託者の地位は受託者および受益者の同意を得て第三者に移転することができることとされ（信託法146条1項）、この同意取得に相当の時間を要し、金融機関の秩序ある処理に支障

---

45 ISDA（国際スワップデリバティブズ協会）マスター契約7条、日本法準拠版ISDA担保契約（Credit Support Annex（CSA））2(a)を参照。

が生ずるおそれがある。また、金融商品取引業者が特定破綻金融機関等となった場合、その顧客が特定承継金融機関等との取引を継続的に行えるようにするためには、顧客資産（預り資産）を特定救済金融機関等に迅速に譲渡することが必要となる。

　そのため、信託の委託者である特定破綻金融機関等に係る事業譲渡等においては、信託法146条1項に規定されている受託者（移転受託者）および受益者（移転受益者）の同意を得ることなく、信託契約の委託者の地位を移転できることとしている（預金保険法132条の3第1項）。

　ただし、信託法146条1項で求められている事前の同意を得ずに委託者の地位の移転を行っているため、受託者または受益者が異議を述べたときは、移転の時に遡って効力を失うこととしている（同条5項）が、この場合、信託契約の委託者の地位は移転受託者および移転受益者双方との関係において特定破綻金融機関等にとどまることになる。

(4) 振替手続の特例

　特定破綻金融機関等と特定救済金融機関等との間で事業の譲渡に係る契約が締結されたときは、特定破綻金融機関等が開設した加入者の口座は、特定救済金融機関等が開設した加入者の口座とみなすこと等としている（預金保険法132条の4）。

　まず、金融商品取引業者の顧客資産（預り資産）のほとんどは電子的記録によりその権利が管理されており、社債、株式等の振替に関する法律（以下「振替法」という）に基づき、振替機関（証券保管振替機構および日本銀行）および口座管理機関が権利の振替を行っている。

　金融商品取引業者である特定破綻金融機関等は、顧客である加入者からの注文等に応じられなくなるため、当該特定破綻金融機関等が振替を行っている社債等は、他の金融商品取引業者である特定救済金融機関等に移管する必要が生ずる。こうした場合に、加入者の個別の意思表示を得るなど移管のための手続を行うとすれば、この手続に相当の期間を要し、金融機関の秩序あ

る処理に支障が生ずるおそれがある。このような事態を避けるため、特定破綻金融機関等の顧客が継続的に取引を行えるよう、加入者の口座の移管を迅速に行う必要がある。

また、振替法に基づく振替機関と口座管理機関との関係は振替機関のもとに複数の口座管理機関が下位機関として連なる階層構造となっており、特定破綻金融機関等自身ではなくその下位機関の口座管理機関が振替を行っている社債等についても、当該特定破綻金融機関等が開設した当該下位機関の顧客口座にその総数が記載または記録されていることから、これについても迅速に移管する必要がある。

そのため、特定資金援助に係る特定破綻金融機関等と特定救済金融機関等との間で事業の譲渡に係る契約が締結されたときは、下位機関である口座管理機関を含め、特定破綻金融機関等の加入者が当該特定破綻金融機関等から開設を受けた口座を特定救済金融機関等が開設した口座とみなすこととしている（預金保険法132条の4第1項）。

次に、特定破綻金融機関等は上位機関に当たる振替機関等において口座を有しており、特定破綻金融機関等の加入者の口座を特定救済金融機関等に移管する場合には、当該振替機関等が開設した特定破綻金融機関等の口座においても当該移管に係る内容を反映する必要がある。

そのため、特定資金援助に係る特定破綻金融機関等と特定承継金融機関等との間で事業の譲渡に係る契約が締結されたときは、特定破綻金融機関等の口座のうち、当該事業の譲渡により特定救済金融機関等に移管された加入者の権利を記載または記録する口座について、特定救済金融機関等が開設を受けた口座とみなすこととしている（同条2項）。

(5) 根抵当権の譲渡に係る特例

特定破綻金融機関等は、移転根抵当権に係る根抵当権設定者の承諾を得ることなく、特定承継金融機関等に対する事業の譲渡により元本の確定前に移転根抵当権を移転債権の全部とともに譲渡することができることとしている

（預金保険法133条の２）。

　根抵当権は債権譲渡に伴って当然に移転するものではなく（民法398条の７）、その移転には、根抵当権設定者の個別の承諾が必要とされている（同法398条の12第１項）。また、移転した根抵当権が譲渡された元の被担保債権をその被担保債権とするためには、改めてその旨の合意がされる必要がある（同法398条の４第１項）。

　特定破綻金融機関等から承継金融機関等に譲渡される債権の担保に根抵当権が多く含まれている場合に、その譲渡について根抵当権設定者の個別の承諾を要求すると、その迅速な移転が困難になるなど、金融機関の秩序ある処理に支障が生ずることとなる。

　こうした不都合を回避するため、特定破綻金融機関等は、根抵当権設定者の承諾を得ず、事業の譲渡により、元本を確定させないまま根抵当権を承継金融機関等に譲渡することができることとし、この場合、移転根抵当権の譲渡の後においても移転根抵当権が移転債権を担保すべきものとみなすこととしている（預金保険法133条の２第１項）。

　ただし、根抵当権設定者の利益に配慮して、当該特定破綻金融機関等・承継金融機関等は、移転根抵当権が特定破綻金融機関等から承継金融機関等に譲渡されたこと等とともに、根抵当権の譲渡等に異議のある根抵当権設定者は元本確定を請求すべきこと等を公告等しなければならないこととし（同条２項）、この請求がなされたときは、根抵当権が担保すべき元本は、事業の譲渡の時に確定したとみなすこととしている（同条５項・６項）。

　なお、デリバティブ契約等に係る担保物について質権設定の構成が採られている場合[46]、当該担保は法律上根質権と解され、元本の確定前に根質権を譲渡するには根質権設定者の承諾が必要となる（民法362条２項、361条、398条の12第１項）が、預金保険法133条の２の考え方に従えば、根質権設定者の事前の承諾を得ることなく、担保物を含めたデリバティブ契約等の移転

46　日本法準拠版ISDA担保契約（Credit Support Annex（CSA））２(b)を参照。

が可能になると解される。

8　早期解約条項の発動停止

　金融機関が取引当事者となっている金利・通貨スワップ、有価証券オプション等のデリバティブ契約等については、倒産等に関する一定の事由が発生した場合、自動的に、すべての契約について期限前終了となる特約等の早期解約条項が付されていることが通常である[47]。

　多数のデリバティブ契約等を締結している金融機関等について秩序ある破綻処理を行う場合、早期解約条項が付されたデリバティブ契約等が一斉に解約されると、ヘッジ取引等を行っているカウンター・パーティ（取引相手方）にも影響が及び、金融市場の不安定化につながる可能性がある。また、デリバティブ契約等の早期解約により、金融機関等の資産価値が急速に毀損してしまうこと等を通じて、金融機関の秩序ある処理が困難になる可能性もある[48]。

　主要国においては、早期解約条項の発動を制限することについて、立法化等の動きが進展している[49]。

　デリバティブ契約等において早期解約条項を設けている趣旨は、倒産手続申立て、管財人選任等があった場合に、その時点で債権債務関係をネッティングすることにより、その後の倒産手続において、当該債権債務について双方未履行双務契約の履行か解除かの選択がされること（チェリーピッキング）を回避することにある。

　金融機関の秩序ある処理においては、こうした早期解約条項の発動が金融市場の不安定化をもたらす場合、システム上重要な市場取引等は原則として

47　例えば、ISDAマスター契約における自動的期限前終了特約等がある。
48　KA 4.3、AnnexⅣ Temporary stay on early termination rightsおよび報告書3.（4）を参照。
49　米国ドッド・フランク法210条(c)(10)(B)、英国2009年銀行法22条、38条、EU再建・処理指令案第63条を参照。

特定合併等により特定承継金融機関等に移転させた上で約定どおり履行させることが想定されている。とすれば、金融機関の秩序ある処理の開始は、管財人による履行選択権の行使の回避という早期解約条項が本来予定していた局面とは異なり、デリバティブ契約等は約定どおりに履行させることとしたほうが契約当事者の意思に合致すると考えられる。

こうしたことから、デリバティブ契約等の金融取引について、金融機関の秩序ある処理等を理由とする早期解約条項については、内閣総理大臣は、金融危機対応措置または金融機関の秩序ある処理を行う場合に、金融危機対応会議を経て、一定期間、その効力を有しないこととする決定を行うことができることとしている。早期解約条項の発動停止について、具体的な対象取引等は、**資料5**のとおりである（預金保険法137条の3第1項・2項）。

この決定がなされた場合、デリバティブ契約等を強制的に終了させてネッティングして清算するとの金融機関等が行う特定金融取引の一括清算に関する法律（平成10年法律第108号、以下「一括清算法」[50]という）や、デリバティブ契約等を解除させる破産法、民事再生法、会社更生法の各規定[51]の法的効果は生じさせないこととしている（預金保険法137条の3第5項・6項）。

なお、早期解約条項が付されているデリバティブ契約等について、効力停止されている間に本来の履行期が到来すれば、その契約等は予定どおり履行されることを予定している。また、早期解約条項は、契約当事者または契約において定める者に関して早期解約条項の発動要件として挙げられた措置が講じられた場合に期限の利益が喪失する条項であるため、例えば、デリバ

---

[50] 一括清算法については、山名規雄「一括清算ネッティング法の概要」本誌1520号17頁、神田秀樹「一括清算法の成立」本誌1517号18頁等を参照。デリバティブ取引における一括清算条項の日本法上の有効性については、新堂幸司「スワップ取引の法的検討——ISDA契約の倒産法上の問題について(上)(下)」NBL523号64頁・524号12頁等を参照。近時の議論の動向については、山本慶子「デリバティブ取引等の一括清算ネッティングを巡る最近の議論——金融危機後の米国での議論を踏まえた一考察——」日本銀行金融研究所 Discussion Paper No.2013-J-13等を参照。

[51] 破産法58条、民事再生法53条、会社更生法63条、更生特例法41条3項、206条3項。破産法58条について、小川秀樹編『一問一答新しい破産法』98～99頁（商事法務、2004年）、竹下守夫編『大コンメンタール破産法』249～251頁〔松下淳一〕（青林書院、2007年）等を参照。

【資料5】早期解約条項の発効停止の対象

・対象契約
　✓　関連措置等（金融危機対応措置の認定・金融機関の秩序ある処理の特定認定、管理を命ずる処分、特別監視指定又は特定管理を命ずる処分その他の認定・特定認定に関連する措置）が講じられることを理由として、特定解除等（契約の終了・解除、契約を解約する権利の発生、契約に係る債権に係る期限の利益の喪失、一括清算（注1）等の効力が生ずることを契約当事者等が約定していること、かつ、
　✓　金融市場その他の金融システムと関連性を有している取引のうち内閣府令・財務省令で定めるものに係るもの
・対象条項　金融危機対応措置の認定又は金融機関の秩序ある処理の特定認定に係る金融機関又は金融機関等について関連措置等が講じられたことを理由とする契約の特定解除等を定めた条項
・対象当事者　契約当事者又は契約において定める者（注2）
・対象範囲　我が国の金融システムの著しい混乱が生ずるおそれを回避するために必要な範囲
・対象期間（措置実施期間）　事業譲渡等の我が国の金融システムの著しい混乱が生ずるおそれを回避するために必要な措置が講じられるために必要な期間として内閣総理大臣が定めた期間

注1：金融機関等が行う特定金融取引の一括精算に関する法律2条6項。
注2：例えば、ISDAマスター契約における信用保証提供者等が該当する。

ティブ契約等が特別監視金融機関等から特定承継金融機関等に移転するまでの間、当該条項は効力を有しないこととされ、その契約等の当事者が特定承継金融機関等となった後は、早期解約条項の発動要件は充足されることなく、当該条項の効力は生ずることはないと考えられる。

9　金融機関の秩序ある処理に関する区分経理（危機対応勘定）、資金調達

　金融機関の秩序ある処理に関する経理については、金融システムの著しい

混乱を生ずるおそれに対応するためのものであることから、金融危機対応措置に係る業務と同様の目的を有していることに加え、両者は、具体的な措置（資金援助・資本増強等）においても類似していること、金融危機対応措置に要した費用は、原則として預金取扱金融機関の負担金により賄われ、例外的に政府補助がなされるが、金融機関の秩序ある処理に関する措置に要した費用も、同様に、原則として金融機関等の特定負担金により賄われ、例外的に政府補助がなされるところ、両措置は費用負担においてもおおむね共通の構造となっていること等を踏まえ、危機対応勘定で経理することとしている（預金保険法40条の2）。

また、この危機対応勘定においては、預金保険機構は、危機対応業務を行うため必要があると認めるときは、政令の定める金額の範囲内[52]において、内閣総理大臣および財務大臣の認可を得て、日本銀行、金融機関その他の者から資金の借入れや債券の発行をすることができることとされており、これにより金融機関の秩序ある処理において必要となる資金調達がなされることとなる（同法126条）。

10　金融機関の秩序ある処理に関する費用負担等

(1)　特定負担金

金融機関等は、預金保険機構の危機対応業務（特定認定に係る金融機関等または特定承継金融機関等に係るものに限る）の実施に要した費用に充てるため、預金保険機構に対し、特定負担金を納付しなければならないこととしている（預金保険法126条の39第1項）。

特定負担金は、金融機関等が預金保険機構に直接納付することを原則としつつ、金融機関等にグループ親会社がある場合には、金融機関等は、当該グ

52　預金保険法施行令29条。

ループ親会社を通じて納付すべきこととしている（同条2項）。

　これは、金融グループにおいてはグループ内の様々な金融機関等が一体となって金融市場でシステム上重要な金融機能を果たしていることや、その処理は子会社と一体にグループ単位で行う必要があること等も踏まえ、特定負担金の負担は金融機関等ごとに課すこととしつつも、その納付はグループ親会社からグループ単位で行うこととしている。

　特定負担金の額については、金融危機対応措置に係る負担金（同法122条、同施行規則32条）と同様に、金融機関等の事業年度末の負債額から、内閣府令・財務省令で定めるものを除いた額を基準として、負担率を乗じた額とすることを定めるものである（同法126条の39第3項）。

　これは、金融機関の具体的な費用負担については、金融審議会の報告書において、「負債額等の客観的な数値をベースに計算する方式が適当であるが、具体的な費用負担の算定においては、既往のセーフティネットの枠組みや制度から受ける便益、業務の特性等を加味した上で検討することが適当」とされたこと等を踏まえたものである[53]。

　また、グループ親会社およびグループ親会社がその経営を支配しているものについては、グループ親会社が納付金融機関として特定負担金等をまとめて納付することとなるが、その特定負担金の額については、連結財務諸表における連結負債額を基準として算定することとしている（同条4項参照）。

(2) 政府補助

　政府は、特定負担金のみで危機対応業務に係る費用を賄うとしたならば、我が国の金融市場その他の金融システムの著しい混乱が生ずるおそれがあると認められるときに限り、預金保険機構に対し、当該業務に要する費用の一部を補助することができることとしている（預金保険法125条）。

53　報告書3．(5)を参照。

11 金融機関の秩序ある処理を実施するために必要な規定等の整備等

(1) 運営委員会

　預金保険機構の運営委員会に特別の事項を調査審議させるため必要があるときは、臨時委員4人以内を置くことができることとしている（預金保険法16条～23条）。

　これは、金融機関の秩序ある処理が保険会社や証券会社等を対象としていることから、保険業界や証券業界等を含めた金融市場に関して専門的な知識と経験を持った臨時委員を運営委員会に参加させることを可能にするものである。

(2) 預金保険機構の報告徴求権限

　預金保険機構は、金融機関の秩序ある処理等に係る業務を行うため必要があると認めるときは、預金取扱金融機関以外の金融機関等に対しても、その業務または財産の状況に関し報告または資料の提出を求めることができることとしている（預金保険法37条）。

(3) 内閣総理大臣（金融庁長官）の報告徴求・立入検査権限

　内閣総理大臣は、金融機関の秩序ある処理の円滑な実施を確保するため必要があると認めるときは、預金取扱金融機関以外の金融機関等に対しても、その業務または財産の状況に関し報告または資料の提出を求めることができることとしているほか、その営業所等に立ち入らせ、質問させ、または物件を検査させることができることとしている（預金保険法136条、137条）。

　内閣総理大臣（金融庁長官）の報告徴求・立入検査権限は、金融商品取引法等と同様に、金融庁長官は政令で定めるところにより証券取引等監視委員

会に委任すること等ができることとしている（預金保険法139条）。

　また、内閣総理大臣は、必要があると認めるときは、預金保険機構に対して、特別監視等の業務およびこれに附帯する業務の円滑な実施を確保するために必要な金融機関等の業務遂行、財産の管理処分の状況の調査に限り、立入検査を行わせることができることとしている（同法137条6項）。

(4) 金融機関の秩序ある処理を円滑に実施するための命令等

　内閣総理大臣は、金融機関の秩序ある処理が必要となった場合におけるその円滑な実施の確保を図るために必要な措置が講ぜられていないと認めるときは、金融機関等に対し、当該措置を講ずるよう命ずることができることとしている（預金保険法137条の4）。

(5) 国際協力

　預金保険機構は、その業務を国際的協調のもとで行う必要があるときは、外国政府等との情報の交換等の必要な業務を行わなければならないこととしている（預金保険法137条の5）。

　金融機関の秩序ある処理においては、金融機関のクロスボーダーの処理、すなわち外国金融機関の本邦法人や本邦支店の処理と、我が国金融機関の海外現地法人や海外支店の処理との双方について、監督当局・処理実施機関間の国際的な協調を確保しつつ、グループで国際的に活動する大規模な金融機関の秩序ある処理を検討する中で、情報共有等の国際的な協力を図っていく必要がある。金融機関の秩序ある処理の実施機関である預金保険機構は、今後、他国の監督当局や処理実施機関と国際的協調を図る必要があり、こうした者と情報交換その他必要な業務を行うこととしている。

(6) 課税の特例、罰則規定

　金融機関の秩序ある処理に関して、課税の特例等（預金保険法135条1項、同法附則22条1項、地方税法73条の7第20号、同法附則10条1項、租税

特別措置法80条 2 項等）および罰則規定（預金保険法141条以下、同法附則23条 6 項 4 号以下）を整備することとしている。

12 協定銀行に係る規定の整備等

　金融機関の秩序ある処理においては、協定銀行（整理回収機構）は、特別監視金融機関等または特定承継金融機関等から譲り受けた資産および負債の整理を行うこと、承継機能協定を締結することにより特定承継銀行としての業務を行うことができることとしている。これにより、協定銀行は、金融機関の秩序ある処理において、特別監視金融機関等または特定承継金融機関等のラスト・リゾートとして機能すること、特別監視金融機関等または特定承継金融機関等からの特定資金援助や預金保険法129条に基づく資産の買取り、特定承継銀行としての特別監視金融機関等の債務等承継に係る事業を行うこととなる。そのため、同法附則において、具体的には、以下の改正を行っている。

(1) 協定銀行に係る業務の特例

　預金保険機構が協定を締結する協定銀行の業務に、特別監視金融機関等または特定承継金融機関等から譲り受けた事業の整理を行うこと等を追加することとしている（預金保険法附則 7 条）。

(2) 協　定

　協定に含む事項に、特定破綻金融機関等から譲り受けた事業に係る整理回収業務等を追加することとしている（預金保険法附則 8 条）。

(3) 資産の買取りの委託等

　預金保険機構が協定銀行に対し資産の買取りを行うことを委託することができる場合に、特別監視金融機関等の資産の買取りを含む特定資金援助を行

(4) 根抵当権の担保すべき元本の確定

　特定破綻金融機関等などの資産保有金融機関は、協定銀行または債権回収会社との間で資産の買取りに関する契約を締結しようとする場合等において、その旨を公告したときは、債権の元本について、民法上の元本確定請求があったものとみなすこととしている（預金保険法附則10条の3）。

　資産保有金融機関が協定銀行または債権回収会社との間で資産の買取りに関する契約を締結しようとする際に、対象となる債権の担保には根抵当権が含まれている場合、その元本を確定させた上で債権を移転させるため根抵当権設定者に対する元本確定の請求（民法398条の19第2項）を個別に行うことは、円滑な資産買取りを遅らせる可能性がある。また、こうした場面においては、資産保有金融機関および協定銀行または債権回収会社が新たに与信をすることは想定されず、根抵当権設定者の利益を不当に害することはないと考えられる。そのため、根抵当権者の元本確定請求を簡易になし得る制度として、その旨を官報のほか定款で定めた方法により公告したときは元本確定請求があったものとみなすものである。

(5) 資金の貸付け等

　預金保険機構が協定銀行に対して行うことができる資金の貸付け等の対象に、特別監視金融機関等から引き受けた債務等の弁済等を追加することとしている（預金保険法附則11条）。

(6) 承継機能協定[54]

　内閣総理大臣が預金保険機構に対し協定銀行と締結することを指示することができる協定の目的に、特別監視金融機関等の債務等を引き継がせること

54　承継機能協定等については、預金保険法の一部を改正する法律（平成23年法律第45号）を参照。

等を追加することとしている（預金保険法附則15条の2）。

(7) 経営管理の終了等

預金保険機構は、承継協定銀行がその債務等を引き継いだ特別監視金融機関等に係る特別監視指定の日から2年以内に、経営管理を終えるものとしている。ただし、やむを得ない場合には、1年に限り、延長することができることとしている（預金保険法附則15条の3）。

(8) 区分経理等

預金保険機構は、附則の業務のうち金融機関の秩序ある処理に係る業務については、危機対応勘定において区分経理することとしている（預金保険法附則18条の2等）。

13 おわりに

金融商品取引法等の一部を改正する法律のうち、金融機関の秩序ある処理に係る預金保険法等の一部改正の規定は、公布の日（平成25年6月19日）から起算して9カ月を超えない範囲内において政令で定める日から施行されることとなっている。

金融機関の秩序ある処理に関する預金保険法等の一部改正が成立した後においても、FSB等では、「主要な特性」に関連した議論が進展している。

まず、FSBは、2013（平成25）年7月に、「再建・処理計画の策定に関するガイダンス」として、「処理計画策定に関するガイダンス」「クリティカル・ファンクションの特定に関するガイダンス」「再建計画で利用するトリガーやストレスシナリオに関するガイダンス」等を公表している[55]。

また、FSBは、同年8月には、「「主要な特性」のノンバンクへの適用」（市中協議文書）等を公表している。この文書は、「主要な特性」の付属文書として、金融市場インフラの破綻処理およびシステム上重要な金融市場イン

フラ参加者の破綻処理、保険会社の破綻処理、破綻処理時における顧客資産の保護に関して、「主要な特性」の実施のためのガイダンスを示すものである[56]。

さらに、同月には、「「主要な特性」の評価手法」（市中協議文書）を公表している。この文書は、各国の破綻処理の枠組みの遵守状況について、評価指標等を提供するものである[57]。

そして、同年9月上旬に開催されたG20サンクトペテルブルクサミットにおいては、FSBからG20に対して、「大きすぎて潰せない」問題の進展と今後の課題に関する報告[58]がなされているが、この中で、我が国は、米国・英国・ドイツ・フランス・スイス・スペイン・オランダ・オーストラリアと並んで、「主要な特性」の実施に向けて大きな進展がなされていると評価されている。

こうした報告を受けた同サミットの行動計画においては、国内金融システムの強靭性を高め、将来の金融危機のリスクを低減する改革として、我が国において今般成立した預金保険法改正の実施が掲げられている。

我が国においては、今後、預金保険法等の一部改正を実施するとともに、FSBの「主要な特性」等に沿って、再建・処理計画を適切に策定しつつ、各国当局等との国際的な協力の枠組みについて議論が引き続きなされていくこととなる。そして、我が国の金融システムをさらに強固にしていくために

---

55 FSB, Recovery and Resolution Planning for Systemically Important Financial Institutions: Guidance on Developing Effective Resolution Strategies, July 2013、FSB, Recovery and Resolution Planning for Systemically Important Financial Institutions: Guidance on Identification of Critical Functions and Critical Shared Services, July 2013、FSB, Recovery and Resolution Planning for Systemically Important Financial Institutions: Guidance on Recovery Triggers and Stress Scenarios, July 2013

56 FSB, Application of the Key Attributes of Effective Resolution Regimes to Non-Bank Financial Institutions Consultative Document, August 2013。なお、国際決済銀行・支払決済システム委員会（BIS/CPSS）および証券監督者国際機構（IOSCO）は、平成25年8月に、「金融市場インフラの再建（Recovery of financial market infrastructures）」（市中協議文書）を公表している。

57 FSB, Assessment Methodology for the Key Attributes of Effective Resolution Regimes, Consultative Document, August 2013

58 FSB, Progress and Next Steps Towards Ending "Too-Big-To-Fail" (TBTF) Report of the Financial Stability Board to the G-20, September 2013

は、こうした取組みの中で、金融機関、金融庁および預金保険機構が適切に体制整備等を図っていくことが今後の重要な課題になると考えられる。

（うめむら　もとふみ）

銀行等による議決権保有規制、大口信用供与等規制、外国銀行支店に対する規制等の見直し──銀行法等の一部改正──

金融庁監督局総務課預金保険調整官　家根田正美
財務省主計局文部科学係主査
（前金融庁総務企画局企画課課長補佐）　横山　玄
金融庁総務企画局企画課課長補佐　梅村元史／赤井啓人

1 はじめに

　本稿では、平成25年6月に第183回通常国会で成立した金融商品取引法等の一部を改正する法律（平成25年法律第45号）を構成する銀行法等の一部改正により整備された「銀行等による議決権保有規制」「大口信用供与等規制」「外国銀行支店に対する規制」等について解説する[1]。

　平成24年4月に開催された金融審議会の総会において、金融担当大臣から、金融システム安定等に資する銀行規制等の在り方に係る諮問がなされた。具体的には、外国銀行支店に対する規制や大口信用供与等規制の在り方等の金融システム安定のために必要な措置に係る検討が求められるとともに、金融審議会「我が国金融業の中長期的な在り方に関するワーキング・グループ」（座長：吉野直行慶應義塾大学教授。以下「在り方WG」という）における議論等を踏まえ、我が国金融業のさらなる機能強化のための方策に係る検討が求められた。

　こうした動きを受け、金融審議会のもとに設置された「金融システム安定等に資する銀行規制等の在り方に関するワーキング・グループ」（座長：岩原紳作東京大学名誉教授、早稲田大学大学院法務研究科教授。以下「銀行WG」という）における審議を経て、平成25年1月には、報告書「金融システム安定等に資する銀行規制等の見直しについて」[2]（以下「銀行WG報告書」という）が取りまとめられ、この銀行WG報告書は、平成25年2月に開催された金融審議会の総会で了承された。

　この銀行WG報告書等を踏まえ、銀行法等の一部改正を含む金融商品取引法等の一部を改正する法律案[3]が平成25年4月に第183回通常国会に提出さ

---

[1] 本稿の作成にあたっては、金融庁総務企画局企画課信用制度参事官室の細山田明生、森下曜子、古川朝美、三國智久、山田雄祐の各氏から執筆上の協力等を得た。なお、本稿における意見や解釈に関する記述については、執筆者の個人的な見解によるものであり、所属機関の見解を示すものではないことに留意されたい。
[2] http://www.fsa.go.jp/singi/singi_kinyu/tosin/20130128-1.html
[3] http://www.fsa.go.jp/common/diet/index.html

れ、5月に衆議院にて、6月に参議院にて可決・成立した。また、銀行法施行令・銀行法施行規則についても、今後その一部改正を予定している。

ここでは、上記の銀行法の一部改正および予定している銀行法施行令・銀行法施行規則の一部改正を中心にその詳細を説明していくこととするが、信用金庫等の協同組織金融機関についても、信用金庫法等の一部改正により、銀行法の一部改正に準じた改正が行われている。ただし、銀行法施行令・銀行法施行規則等で規定される内容については、最終的には、今後、パブリックコメントを経て確定されるものであることに留意されたい。

また、上記改正においては金融機関等の更生手続の特例等に関する法律（以下「更生特例法」という）および金融機能の強化のための特別措置に関する法律（以下「金融機能強化法」という）の一部改正も行われており、これらについても併せて解説する。

2　銀行法等の一部改正

(1)　銀行等による議決権保有規制（5％ルール）

a　基本的考え方

銀行等の議決権保有規制（いわゆる5％ルール）については、銀行が本業以外の事業を行うことによって、銀行の財務の健全性を損なうことがないようにするという他業禁止の趣旨を徹底することを目的として、銀行とその子会社が国内の一般事業会社の議決権を合算して5％（銀行持株会社の場合15％、協同組織金融機関の場合10％）を超えて取得・保有することを原則として禁止している（銀行法16条の3第1項等）。

この議決権保有規制は、我が国において、銀行が経営を支配していた会社に対する責任を負うこととされたことが過去の金融危機を引き起こす要因の1つになったことを踏まえ、平成10年に設けられたものである。

銀行の健全性を確保するためには、議決権保有規制は引き続き重要な規制

であるが、地域経済では、資本性資金の出手が不足している状況にあり、資本性資金の供給主体としての銀行の役割が発揮され得る環境を整備することも重要な課題となっている。

議決権保有規制の見直しについては、在り方WGの報告書において、銀行の健全性確保等の政策目的を踏まえつつ、さらに議論を深めていくこととされ、その後の累次の閣議決定[4]においても、見直しを検討することとされていた。

これらを踏まえ、今般の見直しでは、現行の議決権保有規制の枠組みを維持しつつ、事業再生や地域経済の再活性化等に資する効果が見込まれる場合に限って、銀行が資本性資金をより柔軟に供給できるよう、議決権保有規制を見直すこととしている。

b 改正の概要

今般の議決権保有規制の見直しでは、議決権保有の上限（5％）を一律に引き上げるのではなく、現行の議決権保有規制の枠組みを維持しつつ、地域経済において資本性資金の供給が真に必要とされる場面に限って、銀行が資本性資金の供給をより柔軟に行い得るよう、議決権保有規制の例外規定を拡充することとしている。今般の見直しで拡充される議決権保有規制の例外規定について、以下、その詳細を説明していくこととする。

(a) 事業再生会社の議決権

事業再生（の途上にある）会社の議決権については、銀行の投資専門子会社を経由する場合に限って10年間は出資比率にかかわらず取得・保有できることとされているが、銀行本体で5％を超えて取得・保有することは禁止されている（銀行法16条の2第1項12号、同法16条の3第7項、銀行法施行規則17条の2第8項・9項）。

他方、最近では、条件変更や債権放棄だけでは再生できず、事業を再構築する必要がある企業が増えており、このようなケースでは、銀行が本体で一

---

[4] 「日本再生戦略」（平成24年7月閣議決定）および「日本経済再生に向けた緊急経済対策」（平成25年1月閣議決定）を参照。

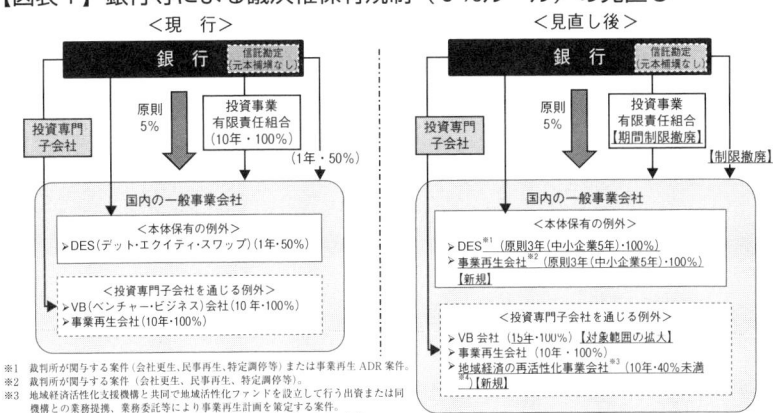

【図表1】銀行等による議決権保有規制（5％ルール）の見直し

＜現　行＞

＜見直し後＞

※1　裁判所が関与する案件（会社更生、民事再生、特定調停等）または事業再生ADR案件。
※2　裁判所が関与する案件（会社更生、民事再生、特定調停等）。
※3　地域経済活性化支援機構と共同で地域活性化ファンドを設立して行う出資または同機構との業務提携、業務委託等により事業再生計画を策定する案件。
※4　連結基準を適用する場合の実質支配力基準に該当しない場合は、50％未満。

＊金融庁「金融商品取引法等の一部を改正する法律（平成25年法律第45号）に係る説明資料」に基づき筆者作成

定の議決権を取得・保有した上で企業の再生に積極的に関与していくことが有効になることもあると考えられる。

　このため、今般の見直しでは、事業再生会社の議決権を銀行本体で5％を超えて取得・保有できるよう、銀行等が子会社とすることができる会社に事業再生会社を追加することとしている（改正後の銀行法（以下「新銀行法」という）16条の2第1項12号の2）。

　なお、このように銀行本体が5％を超えて取得・保有できる期間は原則として3年間（中小企業は5年間[5]）とすることを予定しているが、その対象となる会社については、会社更生法や民事再生法の適用を受けるなど、裁判所が関与する案件に限定することを予定している。

(b)　デット・エクイティ・スワップ（以下「DES」という）に伴って取得・保有する議決権

　DESに伴って取得・保有する議決権については、1年以内は出資比率にかかわらず取得・保有することができるが、1年を超える場合は内閣総理大臣

5　中小企業については、大企業と比較して経営改善に時間がかかることが多いことを踏まえ、その議決権の保有期限を5年間とすることを予定している。

による承認により50％以内で取得・保有することができることとされている（銀行法16条の3第2項・3項、銀行法施行規則17条の6第1項3号）。

　他方、企業の一般的な経営改善計画の期間が3〜5年間であることを踏まえると、現行の期間制限はこうした実務と整合的になっておらず、この点が本制度の活用を妨げているのではないかとも考えられる。

　このため、今般の見直しでは、DESに伴って取得・保有する議決権について、銀行本体が出資比率にかかわらず取得・保有できるようにすることとしている（新銀行法16条の2第1項12号の2）。

　なお、このように銀行本体が5％を超えて取得・保有できる期間は、原則として3年間（中小企業は5年間）とし、その対象となる会社については、事業再生会社と同様の裁判所が関与する案件または事業再生ADRの手続を行った案件に限定することを予定している[6]。

(c)　ベンチャー・ビジネス（以下「VB」という）会社の議決権

　VB会社の議決権については、銀行本体で5％を超えて取得・保有することは禁止されているが、銀行の投資専門子会社を経由する場合に限って10年間は出資比率にかかわらず取得・保有できることとされている。また、その対象となるVB会社は、設立10年未満かつ試験研究費等の合計額が売上高（総収入−固定資産等譲渡益）の3％を上回る中小企業[7]であること等が要件とされている（銀行法16条の2第1項12号、同法16条の3第7項、銀行法施行規則17条の2第6項）。

　この規制については、VB会社への出資は10年を超える場合や、現在のVB会社の定義ではサービス業等の会社や第二創業に取り組む会社が含まれない場合があるとの指摘がなされていた。

　このため、今般の見直しでは、VB会社の議決権について、その期間制限

---

[6]　現行のDESに係る例外規定の要件は、「合理的な経営改善のための計画に基づく株式等の取得であって、債務を消滅させるために行うもの」であり、この規定は見直し後も変わらないため、いずれの例外規定を活用するかについては、銀行が案件ごとに判断していくこととなる。

[7]　中小企業の新たな事業活動の促進に関する法律2条1項に規定する中小企業者（例：製造業の場合、資本金3億円以下または従業員300人以下）。

を15年に延長するとともに、その会社の対象範囲の拡大を行うことを予定している。

(d) 地域経済の再活性化事業会社の議決権

現在、地域経済においては資本性資金の出手が不足しており、銀行が地域経済の再活性化の中核を担う企業への資本性資金の供給を柔軟に行い得るようにすることは重要な課題となっている。

このため、今般の見直しでは、銀行がそのような地域経済の再活性化事業会社の議決権の5％を超えて取得・保有できるよう、銀行の投資専門子会社を経由する場合に限って、当該会社の議決権は議決権保有規制の例外とすることとしている（新銀行法16条の3第1項・8項）。

ただし、その保有期間は10年間、保有上限は40％未満[8]とすることを予定している。また、その対象となる会社については、地域経済活性化支援機構と共同で地域活性化ファンドを設立して行う出資または同機構との業務提携等により事業再生計画を策定する案件とすることを予定している。

(e) 投資事業有限責任組合の有限責任組合員として取得・所有する株式に係る議決権

銀行が投資事業有限責任組合の有限責任組合員として組合財産において取得・所有する株式に係る議決権については、①有限責任組合員が議決権を行使できる場合、②有限責任組合員が無限責任組合員に対して議決権の行使に係る指図を行える場合、③10年を超えて所有する場合を除いて、議決権保有規制の適用除外とされている（銀行法16条の3第8項、同法2条11項、銀行法施行規則1条の3第1項2号）。

この規制について、議決権保有規制は他業禁止の趣旨を徹底するために設けられた議決権を基準とする規制であることを踏まえれば、議決権を実質的に行使できる場合（上記①および②）を除外すれば、所有期間の制限を設けなくとも規制の実効性は十分に確保できると考えられる。

---

[8] 連結基準を適用する場合の実質支配力基準に該当しない場合は50％未満とすることを予定している。

このため、今般の見直しでは、投資事業有限責任組合の有限責任組合員として組合財産において取得・所有する株式に係る議決権の所有期間の制限を撤廃することを予定している。

(f) 信託勘定で取得・保有する議決権

信託業務を兼営する銀行が信託勘定で取得・所有する株式に係る議決権のうち、委託者または受益者が行使しまたは行使について指図をすることができるものについては、議決権保有規制の適用除外となっている（銀行法16条の3第8項、2条11項）。

また、元本補塡のない信託に係る信託勘定で取得・保有する議決権についても、議決権保有規制の例外となっているが、保有期間が1年を超える場合は内閣総理大臣の承認が必要とされている（銀行法16条の3第2項、銀行法施行規則17条の6第1項10号）。これは、元本補塡のない信託に係る信託勘定で取得・保有する議決権であれば、銀行の健全性に影響を及ぼすものとは考えられず、あくまでも受託者の立場として取得・保有するにすぎないものであるためと考えられる。

このため、今般の見直しでは、信託業務を兼営する銀行が受益者のために議決権を行使することを前提として、元本補塡のない信託に係る信託勘定で取得・保有する議決権について、保有期間・出資比率にかかわらず、議決権保有規制の適用除外とすることを予定している。

(2) 大口信用供与等規制

a 基本的考え方

大口信用供与等規制は、業務の健全性を確保することを目的として、銀行の資産の危険分散や、銀行の信用の広く適切な配分といった観点から、銀行・グループに対し、特定の企業・グループに対する貸出等の信用供与等が銀行・グループの自己資本の一定割合を超えることを禁止している（銀行法13条）。

大口信用供与等規制については、デリバティブの発達など金融技術の普

及・高度化、複数の取引主体が絡む取引の複雑化、M&Aや事業提携などによるグループ構造の多様化・複雑化に対応しきれていないのではないかとの問題が認められていた。

また、世界各国の監督当局が銀行および銀行システムの健全性に関する規制および監督のために遵守すべき国際基準であるバーゼル銀行監督委員会の「実効的な銀行監督のためのコアとなる諸原則」（Core Principles for Effective Banking Supervision、以下「コア・プリンシプル」という）から乖離しており、平成24（2012）年6月に公表されたIMF対日4条協議[9]においては、大口信用供与等規制の強化が望ましいとされる[10]とともに、同年8月に公表されたIMFが実施した我が国の金融部門評価プログラム（FSAP：Financial Sector Assessment Program）の評価においては、我が国の大口信用供与等規制は、MNC（Materially noncompliant：著しい程度で不遵守）と評価され、その強化が求められていた[11]。FSAPの評価は我が国の金融監督に対する評価につながるため、我が国銀行等に対する信頼を確保するため、国際的な基準に適合した規制としていく必要があった。

このため、今般の見直しでは、こうした国際的な規制の在り方等を踏まえ、我が国の大口信用供与等規制を見直すこととしている。大口信用供与等規制の見直しについて、以下、その詳細を説明していくこととする。

b　改正の概要

(a)　信用供与等の範囲

我が国では、大口信用供与等規制の対象となる信用供与等の範囲については、銀行の業務報告書における貸借対照表の勘定科目ごとに対象となる信用供与等の方法を限定列挙する方式で定められている（銀行法施行令4条4

9　IMF対日4条協議とは、IMF協定4条に基づき、IMFと加盟国との間で、その国の経済状況および政策内容について協議を行い、IMFが政策提言を報告書としてまとめるもの。

10　銀行WG（第2回）事務局説明資料を参照。

11　FSAP Japan: Basel Core Principles for Effective Banking Supervision-Detailed Assessment of Compliance（http://www.imf.org/external/pubs/ft/scr/2012/cr12231.pdf）。なお、「実効的な銀行監督のためのコアとなる諸原則」は、平成24（2012）年9月14日に改訂版が公表されている。

【図表2】 大口信用供与等規制の見直し

現状

○ 大口信用供与等規制は、銀行資産の危険分散等の観点から、同一の者（同一のグループ）に対する信用供与等に上限を設ける規制。
⇒ 我が国の規制は、規制の対象範囲を形式的に規律しているほか、国際基準（バーゼル・コア・プリンシプル）と乖離しており、IMFのFSAP（金融セクター評価プログラム）においても規制の強化が求められている。

見直しの内容

1. 規制の実効性確保
   名義分割や迂回融資等による規制の潜脱を防止するための規定を設ける。
2. その他国際基準に合わせた規制の見直し

	我が国の規制	（参考）国際基準
信用供与等の範囲	銀行間取引（コールローン、預け金等）、コミットメントライン、デリバティブ取引、公募社債等は適用除外 ⇒ 原則、規制対象とする	原則、オン・バランス、オフ・バランスの全ての取引が規制対象
信用供与等の限度額（受信者グループ）	銀行（グループ）の自己資本の40% ⇒ 25%	銀行（グループ）の自己資本の25%
受信側グループの範囲	受信者及びその子会社・親会社・兄弟会社（議決権50%超の形式的支配関係で判断） ⇒ 議決権による支配関係のほか、経済的な相互関連性（実質支配力基準）に基づき判断	議決権による支配関係のほか、経済的な相互関連性に基づき判断

* 金融庁「金融商品取引法等の一部を改正する法律（平成25年法律第45号）に係る説明資料」に基づき筆者作成

項、銀行法施行規則14条）。

　具体的には、貸出金、債務保証、株式・出資、社債、CP、デリバティブ取引に係る信用リスク相当額、ファイナンス・リース等に限定されており、インターバンク取引（コールローン等）、金融機関預け金（預金）、コミットメントラインの融資未実行残高分等は、規制対象外とされている。また、規制対象として規定されているもののうち、公募社債（短期社債等を除く）、トレーディング勘定のCP、デリバティブ取引に係る信用リスク相当額は、当分の間、規制を適用しないこととされている（銀行法施行規則の一部を改正する命令（平成10年総理府・大蔵省令第39号）附則2条2項）。

　これについて、コア・プリンシプルにおいては、大口信用供与等規制の対象には、オン・バランスおよびオフ・バランスのすべての債権および取引が含まれることとされている[12]。例えば、主要国では、インターバンク取引は、規制対象（英・仏・独では資金決済等に係る日中エクスポージャー等は

適用除外)とされており、金融機関預け金(預金)は、欧州では規制対象とされている。また、米国では、ドッド・フランク法で銀行持株会社やノンバンク金融会社を規制対象とする予定とされている[13]。

我が国においては、現在、例えば、インターバンク取引や金融機関預け金は規制対象とされていないが、その理由について、これらを規制対象とした場合に金融機関の資金繰りに悪影響を与え資金不足に陥っている金融機関の経営の健全性をかえって阻害する事態も生じ得るためであると考えられる。

しかしながら、仮に借手や預け先の金融機関が破綻した場合には、貸手や預け元の銀行に損失が発生し、健全性を損ねる事態も想定されるところ、リスク特性や取引実態などを勘案する必要もあると考えられる。

こうしたことから、銀行WG報告書では、原則として規制対象とした上で、資金決済等に係る短期エクスポージャー等[14]については適用除外とすることが適当であるとされた[15]。

そのため、今般の見直しでは、こうした銀行WG報告書を踏まえ、現行の規制対象となる信用供与等の範囲については、「信用の供与又は出資」に加えて「信用の供与又は出資に相当するもの」を大口信用供与等規制の対象に加えることを法律上規定した上で(新銀行法13条1項)、限定列挙方式を維持しつつ、規制対象外または当分の間適用しないとされているコミットメントラインの融資未実行残高分、インターバンク取引(コールローン等)、金融機関預け金(預金)、トレーディング勘定のCP、公募社債(短期社債を除

---

12 銀行WG(第1回)事務局説明資料を参照。
13 銀行WG(第8回)事務局説明資料、金融庁委託調査「諸外国における大口信用供与等規制に係る調査」を参照。
14 銀行WG報告書においては、「短期」の具体的内容としては、日中エクスポージャーは含まれると考えられるが、オーバーナイトやそれ以上の期間まで含めるかどうかについては、今後、監督当局において実務的な検討を行っていく必要があるとされている。また、資金決済等に係る短期エクスポージャーのほか、適用除外とすることが適当なものとして、一定の条件を充たすグループ内金融機関間の取引、協同組織金融機関による中央機関(連合会)への預け金、短資会社への直接の信用供与となる有担保コール、日本銀行等に対する信用供与、銀行持株会社が子銀行の自己資本充実のために行う信用供与(劣後ローン)が挙げられている。
15 銀行WG報告書2.(1)を参照。

く）およびデリバティブ取引の信用リスク相当額の信用供与等は、原則として規制対象とすることを予定しているとともに、これらのほかにも規制対象とすべき信用供与等がないかについて、金融庁において実務的に検証することとしている[16]。また、資金決済等に係る短期エクスポージャー等の一定の信用の供与を適用除外とすることを予定しているほか、信用の供与等を行う銀行またはその子会社等と実質的に同一と認められる者に対する信用の供与等その他の政令で定める信用の供与等については適用除外とすることとしている（新銀行法13条3項2号）。

なお、信用供与等の額の算出方法については、現在、オン・バランス取引は、貸借対照表計上額（簿価）で信用供与等の額を算出し、自行の預金担保、担保国債等の額は、信用供与等の額から控除することとされている。一方、オフ・バランス取引は、現在規制対象とされていないため、その信用供与等相当額の算出方法が定められていないが、主要国の例を踏まえ、自己資本比率規制における信用リスク相当額の算出方法を基準とすることを予定している。

(b) 信用供与等限度額（受信者グループ）

我が国における信用供与等限度額は、銀行の自己資本の額（「単体Tier 1＋単体Tier 2」の額）および銀行グループの自己資本の額（関連法人等を除いて算出した「連結Tier 1＋連結Tier 2」の額に関連法人等の「単体Tier 1＋単体Tier 2」に相当する額を加えたもの）のそれぞれに対し、受信側単体の場合は25％、受信側グループの場合は40％となっている（銀行法13条1項・2項、銀行法施行令4条6項・9項、銀行法施行規則14条の5第4項、銀行法施行規則第14条の5第4項及び第34条の15第5項の規定に基づき銀行法第14条の2第2号及び第52条の25に掲げる基準に従い算出される自己資本の額に必要な調整を定める件（平成10年金融監督庁・大蔵省告示第33号））。

これについて、コア・プリンシプル[17]では、受信側グループの場合は銀

---

[16] 銀行WG報告書2. (1)⑥を参照。
[17] 銀行WG（第1回）事務局説明資料を参照。

行・グループの自己資本の額の25％とされている。

　銀行WG報告書では、我が国の場合には金融市場が銀行中心であるなど諸外国と異なる面もあるのではないかとの意見もあったが、仮に国際的な標準とした場合であっても、実務への影響は一定の範囲にとどまると考えられたことから[18]、受信側グループの信用供与等限度額については、国際的な標準に引き下げることが適当であるとされた[19]。

　このため、今般の見直しでは、信用供与等限度額について、現行の受信側グループについての40％を25％に引き下げることを予定している。

(c)　受信側グループの範囲

　我が国における受信側グループとして合算対象とする範囲は、与信側（銀行・グループ）からの受信側の合算対象範囲の把握可能性等を勘案し、平成10年当時の商法上の親子関係（議決権50％超）に基づき、株式、出資による支配権を伴う資本関係があるものの集合体とされている（銀行法施行令4条1項）。

　これについて、コア・プリンシプル[20]では、合算対象を実質的に判断していくべきであるとされている。

　また、銀行WG報告書では、合算対象を実質的に判断していくべきとの意見があった一方で、すべての会社が連結財務諸表を作成しているわけではないという実態を踏まえる必要があるとされた[21]。

　このため、今般の見直しでは、受信側グループとしての合算対象の範囲について、連結財務諸表の作成が義務付けられている大会社や有価証券報告書提出会社にあっては、議決権50％超の親子関係に加え、実質支配力基準に基づく子会社や実質影響力基準に基づく関連会社にまで拡大することを予定している[22]。

18　銀行WG（第8回）事務局説明資料を参照。
19　銀行WG報告書2．(5)を参照。
20　銀行WG（第1回）、同（第2回）事務局説明資料を参照。
21　銀行WG報告書2．(2)を参照。
22　銀行WG報告書2．(2)を参照。

(d) 大口信用供与等規制の潜脱防止に係る規定

　大口信用供与等の規制の対象となる信用供与等の範囲は拡大するが限定列挙方式は維持することや受信側グループの範囲は連結財務諸表の作成が義務付けられている大会社や有価証券報告書提出会社に限って拡大することを踏まえ、銀行WG報告書では、名義分割や迂回融資等による規制の潜脱を防止するための規律を設けることが適当であるとされた[23]。

　このため、今般の見直しでは、潜脱として名義分割や迂回融資等が行われた場合には、実質的な信用供与等の先を信用供与等の先とみなして大口信用供与等規制を適用することとしている（新銀行法13条5項）。

　なお、この改正は、公布の日（平成25年6月19日）から起算して20日を経過した日（平成25年7月9日）から施行されている。

(e) 信用供与等限度額超過時の対応

　銀行の同一人に対する信用供与等の額が信用供与等限度額を超えることについては、現在、受信者が合併等をしたことその他「やむを得ない理由」がある場合において、内閣総理大臣の承認を受けたときは、超過することが認められている（銀行法13条1項ただし書）。

　しかしながら、「やむを得ない理由」は、限定列挙となっており（銀行法施行令4条7項、銀行法施行規則14条の3）、個別具体的な事例に即して柔軟な対応を行うことは可能ではないと考えられる。

　例えば、銀行・銀行持株会社の関連会社が行う信用供与等については、与信側としても受信側としても合算されている。そのため、銀行持株会社の関連会社たる外国金融グループ親会社が、当該親会社の連結子会社・関連会社に対して行う信用供与等について、大口信用供与等規制の対象となってしまい、海外でのM&A等金融グループ再編の支障となる可能性がある。

　こうしたことを踏まえ、銀行WG報告書においては、個別に適用除外とすることが可能となるよう、バスケット条項を設けることが適当であるとされ

---

[23] 銀行WG報告書2.(2)を参照。

ており[24]、今般の見直しでは、こうした方向で措置を講ずることを予定している。

(f) 経過措置

施行日（公布の日から起算して1年6カ月を超えない範囲において政令で定める日）の際に、現に新大口信用供与等規制における信用供与等限度額を超えている場合には、施行日から3カ月経過する日までに、その旨の届出をすることを条件として、1年を経過する日までの間は新大口信用供与等規制を適用しないこととされている。

また、施行日から1年を経過する日後も引き続き信用供与等限度額を超えて当該信用の供与等をしないこととすれば事業の継続に著しい支障を生ずるおそれがある場合その他のやむを得ない理由がある場合において、同日までに承認を受けたときは、新銀行法13条1項ただし書の規定による承認を受けたものとみなすこととしている（金融商品取引法等の一部を改正する法律附則13条）。

(3) 外国銀行支店に対する規制

a 基本的考え方

我が国への外国銀行の参入は、現在、リテールかホールセールかにかかわらず、現地法人形態と支店形態のいずれの形態も認められており、参入形態の違いによる業務範囲規制は課されていない。

また、外国銀行支店には資本金についての規制が存在しないほか、更生特例法の適用対象となっていない。

一方、国際的な金融資本市場に不安定要素が依然として存在している中、我が国の預金者保護や安定的な金融システムの構築は重要な課題となってい

---

24 適用除外の承認を行う事例としては、①インターバンク取引や金融機関預け金等で、直ちに規制を適用すれば、金融機関の資金繰りに悪影響を与え、資金不足に陥っている金融機関の経営の健全性をかえって阻害する事態が生じると認められる場合、②一時的に信用供与等限度額を超過したとしても金融機関の健全性に実質的な支障が生じないと認められる場合等が考えられる（銀行WG報告書注14）。

る。

　銀行WG報告書においては、外国銀行支店に対する規制の見直しにあたっては、金融機関のクロスボーダーでの再建・処理について国際的な協力が必要とされていることや、外国銀行支店のビジネスモデルを過度に阻害しないことを踏まえる必要があるとされた。

　また、同報告書においては、外国銀行支店の預金は、現在、預金保険の対象外となっているが、預金者保護（とくにリテール預金の預金者の保護）の観点からは、将来的な制度の在り方としては、預金保険の対象とすることが望ましいと考えられる一方で、外国銀行支店については、ビジネスモデルや内部管理態勢が相当程度多様であり、例えば、資産の国内保有義務を法令上一律に義務付ける等健全性確保のための規制を課すことには課題があるとされた。こうしたことを踏まえ、外国銀行支店の預金保険制度への加入については、外国銀行支店のビジネスモデルや内部管理態勢等の今後の動向、資産の国内保有の在り方等の議論等を踏まえつつ、将来の課題として、引き続き検討していくことが適当であるとされた[25]。

　今般の見直しにおいては、こうした考え方を踏まえつつ、外国銀行支店の預金者保護等の観点から、外国銀行支店に対する規制の見直しを行うこととしており、以下、その詳細を説明していくこととする。

b　改正の概要

(a)　外国銀行に対する銀行業の免許付与の審査基準

　我が国では、参入形態の違いによる業務範囲規制を課しておらず、外国銀行支店に対しては、本店への回金を含めて支店が行う取引に伴うリスクを制限する法令上の個別の規制は存在しない。

　また、我が国は、WTOのサービスの貿易に関する一般協定上、外国銀行支店の業務の制限について留保していないことから、例えば支店形態でのリテール預金の受入れを一切認めないといった見直しは困難であると考えられ

25　銀行WG報告書1.(6)を参照。

る。

　さらに、外国銀行支店に資産の国内保有義務、自己資本比率規制や、大口信用供与等規制を課すことにも課題があると考えられる。

　銀行WG報告書においては、外国銀行支店について、本国の監督当局と同様には監督を行うことができないため、本店を含めたグループ全体の状況の把握について限界があること、外国銀行支店がグループ内企業との取引を行う場合、本店への回金を含めて支店が行う取引に伴うリスクの所在を支店が適切に管理することが十分にできるかについて問題があること、WTOの当該協定の金融サービスに関する附属書において加盟国は信用秩序の維持のための措置を取ることを妨げられないとされていることなどを踏まえると、外国銀行支店の健全性を確保するため、支店形態でのリテール預金の受入れや本店への回金を含む資金の運用等について、信用秩序の維持の観点から、免許付与の審査基準や外国銀行支店の監督における着眼点を明確化することが適当であるとされた[26]。

　このため、今般の見直しでは、支店形態でのリテール預金の受入れや本店への回金を含む資金の運用等について、信用秩序の維持の観点から免許の審査基準とすることを銀行法施行規則等で明確化するとともに、同審査基準を日常の監督における着眼点としても適用することを予定している。

(b)　外国銀行支店の資本金に対応する資産の国内保有

　外国銀行支店については、現在、当期利益の10分の1を20億円に達するまで利益準備金として計上するとともに、当該利益準備金の額に相当する一定の種類の資産を国内において保有することを義務付けている（銀行法施行令9条の規定により読み替えられた銀行法18条、銀行法施行令第五条の二第二項第一号に規定する金融機関等を定める件（平成10年大蔵省告示第220号）2条、銀行法施行令13条2項、銀行法施行規則31条）。

　銀行WG報告書においては、健全性確保や預金者保護の観点からは、当期

26　銀行WG報告書1.(1)を参照。

純利益が生じた段階で初めて積立てを義務付けるという規制の在り方は不十分であると考えられるとされた。

このため、今般の見直しでは、外国銀行支店は、常時、政令で定める金額（国内銀行の最低資本金である20億円とする予定である）以上の資本金に対応する資産を国内において保有していなければならないこととしている（新銀行法47条の2）。国内において保有すべき対象資産の具体的な内容については、政令で定めることとされている（同条）[27]。

なお、既存の外国銀行支店に対する本規制の適用については、施行日（公布の日から起算して1年を超えない範囲内において政令で定める日）から当該施行日の属する事業年度の翌事業年度末までの間で20億円までの段階的に適用する経過措置が設けられている（金融商品取引法等の一部を改正する法律附則14条）。

(c) 外国銀行支店の預金者への説明義務

外国銀行支店は、現在、預金者等に対して、その預金が預金保険の対象外であることについての説明は、義務付けられていない。

外国銀行支店の預金保険制度への加入が将来的な課題とされていることから、銀行WG報告書においては、現時点では、預金者に対して、外国銀行が万一破綻した場合におけるリスク情報が明示される必要があるとされた[28]。

このため、今般の見直しでは、外国銀行支店の預金が我が国預金保険制度の対象外であること、外国銀行が万一破綻した場合、預金の払戻しがあるとしてもそれが迅速に行われない可能性があること、外国銀行支店の預金が外国銀行の本国における預金保険制度の対象となっている場合はその旨などについて、銀行法12条の2に基づき顧客に対する説明を義務付けることを予定している。

(d) 資産の国内保有命令違反に対する罰則の引上げ

内閣総理大臣は、銀行および外国銀行支店に対して、我が国銀行の海外に

27　銀行WG報告書1．(4)を参照。
28　銀行WG報告書1．(8)を参照。

【図表3】外国銀行支店に対する規制の見直し

現状

○ 我が国への外国銀行の参入は、リテール・ホールセールに関わらず、支店形態・現地法人形態のいずれの形態も認められており、参入形態の違いによる業務範囲規制は課されていない（国際的に約束）。

○ 外国銀行支店に対しては、資本金に対応する規定が存在しない。

○ 金融機関等の更生手続の特例等に関する法律（更生特例法）の適用対象外となっており、監督庁には破産・更生手続等の開始の申立権や保全処分の申立権がない。

○ 資産の国内保有命令違反に対する罰則が低い（100万円以下の過料）。

見直しの内容

＜参入時＞	＜平時の規制・監督＞	＜危機時・破綻時の対応＞
○免許付与の審査基準を明確化 ⇒ 支店形態でのリテール預金の受入れや本店への回金を含む資金の運用面について、信用秩序の維持の観点から審査	○外国銀行支店に対し、国内銀行の最低資本金（20億円）に相当する金額の国内積立てを義務付け ○明確化した免許付与の審査基準を、日常の監督における着眼点として適用 ○預金者に対し、預金保険制度の対象外であることの説明を義務付け	○外国銀行支店にも更生特例法を適用（監督庁に破産・更生手続等の開始の申立権や保全処分の申立権を付与） ○資産の国内保有命令違反に対する罰則を引上げ（過料→刑事罰（懲役1年以下・罰金300万円以下、法人重課2億円以下））

＊金融庁「金融商品取引法等の一部を改正する法律（平成25年法律第45号）に係る説明資料」に基づき筆者作成

おける活動や外国銀行支店の業務展開に対応して、日本国内の預金者等の保護その他公益のため必要があると認めるときは、資産のうち一定部分を国内において保有するよう命ずることができる（銀行法29条）。

これについて、銀行WG報告書においては、当該命令の実効性を確保する観点から、現在の命令違反に対する罰則（100万円以下の過料。銀行法65条10号）は不十分であり、これを引き上げることが適当であるとされた[29]。

このため、今般の見直しでは、資産の国内保有命令に違反した者に対する罰則について、100万円以下の過料から、1年以下の懲役または300万円以下の罰金（法人重課2億円以下）に引き上げることとしている（新銀行法63条3号の2、64条1項2号）[30]。

---

29 銀行WG報告書1．(3)を参照。
30 銀行法の資産の国内保有命令違反に対する罰則に係る改正に準じて、金融商品取引法においても金融商品取引業者に対する資産の国内保有命令違反について、見直しを行うこととした（改正後の金融商品取引法198条の6第11号の2）。

(4) その他の銀行法改正事項

a 外国銀行業務の代理・媒介に係る規制

外国銀行業務の代理・媒介については、現在、外国銀行に対して我が国の監督当局の直接の監督が及ばないことを踏まえ、国内の顧客の利益保護を図る必要があることから、国内銀行が親子・兄弟会社ではない外国銀行の業務の代理・媒介を行うことは認められていない。

これについて、海外進出している中小企業等がより円滑な資金調達や多様なサービスを受けられるよう、海外において国内銀行が出資関係のない業務提携先外国銀行の金融商品・サービスの代理・媒介を行うことを認めるべきであると考えられる。

銀行WG報告書においては、国内企業の海外進出を国内銀行が支援する環境を整備する観点からは、外国銀行の業務の代理・媒介を広く認めていくことが重要であり、外国銀行の業務の代理・媒介を海外において行う場合であれば、国内の顧客保護を図るという規制の趣旨との整合性は確保されていると考えられるとされた[31]。

このため、今般の見直しでは、銀行法施行規則13条の2を改正し、国内銀行が代理・媒介を海外で行う場合に限り、出資関係の有無を問わず、外国銀行の業務の代理・媒介を行うことを可能とすることを予定している[32]。

なお、国内銀行が既に認可を受けてその子会社・兄弟会社としている外国銀行の業務の代理・媒介を行う場合には内閣総理大臣への届出で足りるが(銀行法52条の2第2項)、国内銀行と資本関係のない外国銀行の代理・媒介を行う場合には、国内銀行と外国銀行との関係等について我が国の監督官庁

---

31 銀法WG報告書4.(2)を参照。
32 銀行法は、銀行法施行規則の改正により措置することとしているが、信用協同組合、信用金庫およびこれらの連合会、信用事業を行う農業協同組合および農業協同組合連合会、信用事業を行う漁業協同組合、水産業協同組合およびこれらの連合会ならびに農林中央金庫は、各業法の改正(改正後の信用金庫法53条3項7号の2、54条4項7号の2、54条の2第1項号)により、その事業として、内閣総理大臣の認可を受けて、外国において外国銀行の業務の代理または媒介を行うことができることとしている。

が確認する機会を確保するため、内閣総理大臣の認可を受けることとすることを予定している（銀行法52条の2第1項）。

また、代理・媒介を行う際の海外における国内銀行の進出形態については、銀行WG報告書においては、海外における支店の開設等の条件を設けず、行員の長期出張を含む多様な形態での代理・媒介を行うことを可能とすることが適当であるとされており[33]、これを踏まえてさらに検討がなされていくこととなる。

ただし、海外における拠点の設置義務など、現地での規制が課される可能性があることに留意が必要である。

b　海外M&Aに係る子会社の業務範囲規制

銀行が子会社（孫会社を含む）とすることができる会社（子会社対象会社）については、銀行、保険会社、銀行業を行う外国の会社など、一定の範囲に限定されている（銀行法16条の2）。

これについて、銀行WG報告書においては、外国銀行と国内銀行とが海外の金融機関の買収において競合する場合、入札時に子会社対象会社以外の会社を売却するとの条件を付けざるを得ないなど国内銀行が不利な状況に置かれ、海外市場への進出を阻害する要因となっていると考えられるとされた[34]。

このため、今般の見直しでは、銀行グループの国際展開を容易にする環境を整備することが重要であることを踏まえ、現在の業務範囲規制は基本的に維持しつつも、海外の金融機関の買収の場合に限り、子会社対象会社以外の会社を子会社とすることを原則として5年間に限り認めることとしている（新銀行法16条の2第4項）。

また、現地における市況の悪化等により5年以内の処分が困難となった場合や、現地における競争上子会社対象会社以外の会社を引き続き保有する必要性が認められる場合、内閣総理大臣の承認のもと、1年ごとの期間の延長

33　銀行WG報告書4.(2)を参照。
34　銀行WG報告書4.(3)を参照。

【図表4】外国銀行業務の代理・媒介に係る規制の見直し

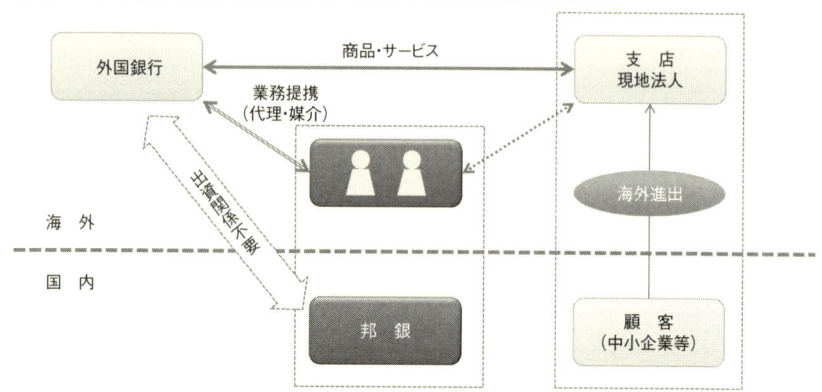

- 現在、外国銀行の業務の代理・媒介を行う場合、国内銀行が親子・兄弟会社ではない外国銀行の業務の代理・媒介を行うことは認められていない。
- 今般の見直しにおいて、国内銀行が代理・媒介を海外で行う場合に限り、出資関係の有無を問わず、外国銀行の業務の代理・媒介を行うことを可能とする。

（注）海外における拠点の設置義務など、現地での規制が課される可能性がある。

＊筆者作成

【図表5】海外M＆Aに係る子会社の業務範囲規制の見直し

現状
- 銀行が子会社（孫会社を含む）とすることができる会社（子会社対象会社）は、銀行、保険会社、銀行業を行う外国の会社など、一定の範囲に限定されている。
  ⇒ 諸外国の銀行と日本の銀行が、海外の金融機関の買収において競合する場合、入札時に子会社対象会社以外の会社を売却するとの条件を付けざるを得ない日本の銀行が不利な状況におかれ、海外市場への進出を阻害する要因となっているとの指摘。

見直しの内容
- 買収した海外の金融機関等の子会社のうち、既に保有が認められている子会社対象会社以外の会社についても、原則として5年に限り保有を認める。
- 5年以内にその処分が困難である等の事情が認められる場合には、内閣総理大臣の承認の下で、当該期間を超えての保有を例外的に容認する。

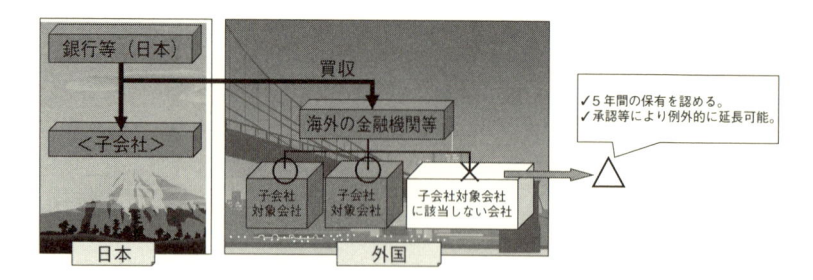

✓5年間の保有を認める。
✓承認等により例外的に延長可能。

を認めることとしている（新銀行法16条の2第5項・6項）。

　なお、保険会社に係る子会社の業務範囲規制については平成24年保険業法改正により既に見直しが行われており、外国保険会社またはその持株会社の買収の場合に限り、子会社対象会社以外の会社を子会社とすることを原則として5年間に限り認められているが（保険業法106条4項〜6項）、今般の銀行法の見直しでは、外国の銀行に限らず、外国の保険会社や証券会社等の外国の子会社対象会社を買収する場合について広く認めることとしている（新銀行法16条の2第4項本文）[35]。

c　監査役等の適格性

　現在、銀行の常務に従事する取締役（委員会設置会社にあっては、執行役）は、銀行の経営管理を的確、公正かつ効率的に遂行することができる知識および経験を有し、かつ、十分な社会的信用を有する者でなければならないこととされている（銀行法7条の2第1項）。

　これについて、平成24（2012）年8月に公表されたIMFのFSAPにおいて、監査役の適格性（fit-and-proper）の要件を導入することにより、銀行のコーポレートガバナンス機能を改善すべきである旨が指摘されていた。

　このため、今般の見直しでは、銀行の監査役（委員会設置会社にあっては、監査委員）は、銀行の取締役等の職務の執行の監査を的確、公正かつ効率的に遂行できる知識および経験を有し、かつ、十分な社会的信用を有する者でなければならないこととしている（新銀行法7条の2第1項2号・3号）。

　また、委員会設置会社である銀行にあっては、執行役と同様、銀行の常務に従事する取締役についても、適格性を要する旨を明記することとしている（新銀行法7条の2第1項1号）。

35　今般の見直しでは、銀行持株会社が買収を行う場合や外国の金融機関を子会社とすることが考えられる信金中金等についても、同様の措置を講ずることとしている（改正後の信用金庫法54条の23第3項〜5項等）。

d 会計監査人の解任命令

銀行は、株式会社であって、①取締役会、②監査役会または委員会（会社法2条12号に規定する委員会）、および③会計監査人を置くものでなければならないこととされている（銀行法4条の2）。

また、銀行が法令、定款もしくは法令に基づく内閣総理大臣の処分に違反したときまたは公益を害する行為をしたときは、当該銀行に対し、その業務の全部もしくは一部の停止もしくは取締役、執行役、会計参与もしくは監査役の解任を命じ、または銀行業の免許を取り消すことができるが、会計監査人の解任を命じることはできない（銀行法27条）。

これについて、前述のFSAPにおいては、監督官庁に外部監査人の選任を拒否または取り消す権限がなく、監督官庁にこうした権限が付与されるべきである旨が指摘されていた。

このため、今般の見直しでは、銀行が法令、定款もしくは法令に基づく処分に違反し、または公益を害する行為をした場合に、内閣総理大臣は、銀行に対して、取締役、執行役、会計参与もしくは監査役に加え、会計監査人の解任も命じることができることとしている（新銀行法27条）。

e 報告徴求・立入検査の対象先

銀行業務の効率化等の観点から、銀行においては業務の外部委託が行われているが、システムトラブルや顧客情報の漏洩等の問題が発生した場合には、銀行の業務の健全かつ適正な運営の確保を図るため、銀行本体に対する報告徴求・立入検査だけでは十分な対応が行えないおそれがある。このため、銀行に対する検査・監督をより実効性のあるものにする観点から、報告徴求および立入検査の対象に、銀行から業務の委託を受けた者が含められている（銀行法24条2項、25条2項）。

また、銀行が業務を第三者に委託した場合、銀行から直接に委託を受けた第三者がさらに他の者に委託（再委託）、さらにその連鎖（再々委託等）を行うことは、禁止はされておらず、例えばシステム等において再委託等が行われている。

しかしながら、現行法上、銀行から直接に委託を受けた者に対してのみ、報告徴求・立入検査権限が規定されているところ、銀行から直接に委託を受けた者から委託（再委託）を受けた者等に対してこうした権限が及ぶことを明らかにするため、今般の見直しでは、銀行の業務の再委託先（再々委託先等を含む）を報告徴求・立入検査の対象先に加えることとしている（新銀行法24条2項）。

f　銀行持株会社に対する規制

銀行に関する規制の見直しに準じて、銀行持株会社グループに対する大口信用供与等規制、銀行持株会社とその子会社に対する議決権保有規制、海外M&Aに係る銀行持株会社の子会社の業務範囲規制、報告徴求・立入検査の対象先および会計監査人の解任命令に関する規制の見直しを行うこととしている（新銀行法52条の22、52条の23、52条の24、52条の31、52条の34）。

3　更生特例法

現在、銀行等の預金取扱金融機関については、更生特例法において、監督庁による倒産手続開始の申立てを認めている（更生特例法2条9項、377条1項、446条1項、490条1項）。

外国銀行支店に係る外国銀行や銀行持株会社等については、現在、更生特例法が適用されず、監督庁による倒産手続開始の申立てや倒産手続に係る保全処分等の申立ては認められていない。しかしながら、こうした金融機関についても、預金取扱金融機関同様、預金者等が経営状態を把握することは困難であり、その倒産手続開始等の申立てに期待することも現実的ではない。また、検査・監督により経営実態を適切に把握すべき監督庁による倒産手続開始等の申立てを可能とすることが預金者等の保護に資すると考えられる。さらに、破綻処理の開始が遅延すると財務内容のさらなる悪化により破綻処理のコストを増大させる可能性がある。

こうしたことを踏まえ、預金者等の権利保護や金融機関の円滑な破綻処理

【図表6】 監督庁の倒産手続開始の申立ての追加

	破産手続（490条）	再生手続（446条）	更生手続（377条）
銀行、協同組織金融機関、株式会社商工組合中央金庫	○	○	○
保険会社	○	×	○
金融商品取引業者	○	× ⇒ ○	× ⇒ ○
持株会社・指定親会社	× ⇒ ○	× ⇒ ○	× ⇒ ○
外国銀行支店	× ⇒ ○	× ⇒ ○	× ⇒ ○

＊筆者作成

を可能とする必要があることなどから、外国銀行支店に係る外国銀行や銀行持株会社等についても、監督庁による倒産手続開始の申立てや倒産手続に係る保全処分等の申立てを認めることとしている（改正後の更生特例法2条9項、377条1項、380条～383条、446条1項、449条～453条、490条1項、493条～495条）[36]。

ただし、外国銀行支店を金融整理管財人制度の対象とするための規定や、預金保険機構が外国銀行支店の預金者表の作成等をして倒産手続に参加することのできる制度については、預金保険機構の関与が前提となるため、外国銀行支店の預金保険制度への加入と併せ、引き続き将来的に検討していくことが適当であると考えられる[37]。

また、金融商品取引業者については、現在、監督庁による倒産手続開始の申立ては、破産手続（更生特例法490条1項）のみが可能である。しかしながら、リーマン・ブラザーズの破綻など先般の国際的な金融危機等を踏まえ、金融商品取引業者の破綻処理においても、金融システムの著しい混乱が生ずるおそれを有することが明らかになった。このため、その破綻処理にあ

---

36 銀行WG報告書1.(7)を参照。
37 銀行WG報告書注3を参照。

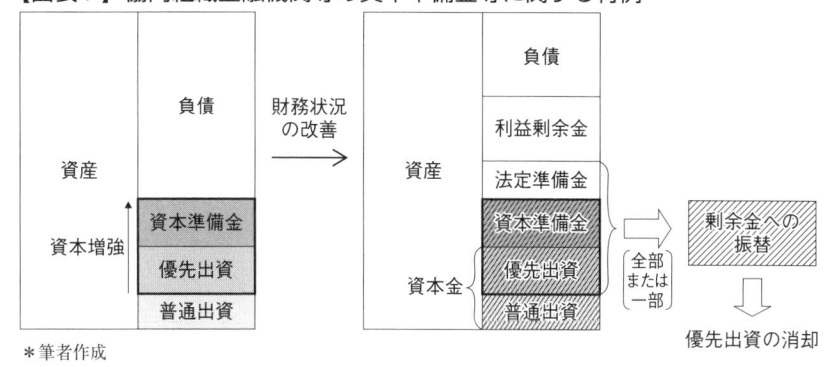

【図表7】協同組織金融機関等の資本準備金等に関する特例

＊筆者作成

たっては、重要な経済的機能の継続を図りつつ、金融システムの安定を確保する必要があること、分別管理制度や投資者保護基金などの顧客保護制度は再建型の倒産手続と両立することなどを踏まえ、監督庁による再生手続および更生手続の開始の申立てを認めることとしている（改正後の更生特例法377条1項、446条1項）。

4 金融機能強化法

先般の金融危機の影響等により、足下において、必ずしも財務基盤が十分ではない協同組織金融機関等においては、バーゼルⅢ（国内基準）の適用開始（平成26年3月期）を見据え、自己資本充実を図り、その機能強化を図ることが喫緊の経営課題である。

優先出資は、協同組織金融機関の優先出資に関する法律上、自己資本比率規制の遵守等が求められる中で、協同組織の本来的な資本調達手段である普通出資のみでは必要な自己資本を調達できない場合に、普通出資を補完するものと位置付けられていることから、優先出資を取得して消却できる場合も、普通出資の補完が不要となる場合（剰余金の配当の限度額からその事業年度の優先的配当額を控除した額または普通出資の増加によって得た資金を

原資とする場合）に限定されている（協同組織金融機関の優先出資に関する法律15条）。

　一方、金融機能強化法は、自力増資が必ずしも容易でない経済情勢等を踏まえ、特例的かつ時限的に、金融機関に対して、規制資本の確保のみならず、経営強化を図るために必要な自己資本の充実を図るため、公的資金による資本増強を行うものである。

　この点、協同組織金融機関については、金融機能強化法を活用して公的資金による優先出資の引受が行われた場合における当該公的資金の返済方法が前述の２つの場合に限定されているため、公的資金の返済が容易ではない場合があり得る。そのため、今般の見直しでは、公的資金の返済に必要な場合には、銀行と同様、資本準備金等の剰余金への振替を認め、返済方法の弾力化を図ることとしている（改正後の金融機能強化法８条の２、８条の３等）。

5　おわりに

　今般の金融商品取引法等の一部改正法においては、銀行等の健全性確保、預金者等の保護、海外進出している中小企業等へのより円滑な資金調達や多様なサービスの提供、我が国金融機関の国際競争力の強化など、金融システム安定のために必要な措置と併せて、事業再生や地域経済活性化に資するよう我が国金融業のさらなる機能強化を促すため、銀行法等の見直しが幅広くなされている。こうした見直しを踏まえ、銀行等においては、健全性確保・預金者保護等を着実に実施しつつ、金融機能のさらなる発揮が期待されていると考えられる。

（やねだ　まさみ）
（よこやま　げん）
（うめむら　もとふみ・あかい　ひろと）

公募増資に関連したインサイダー取引事案等を踏まえた対応

金融庁総務企画局市場課課長補佐　齊藤将彦
弁護士（前金融庁総務企画局市場課専門官）　滝　琢磨
金融庁総務企画局市場課専門官　上島正道／山辺紘太郎

1 はじめに

　本稿では、平成25年6月12日に成立し、同月19日に公布された「金融商品取引法等の一部を改正する法律」（平成25年法律第45号。以下「改正法」という）のうち、公募増資に関連したインサイダー取引事案等を踏まえたインサイダー取引規制に関する改正[1]について解説を行うこととしたい。なお、本稿において意見にわたる部分については、筆者の個人的見解であることを申し添えたい。

2 改正の経緯

(1) 情報漏洩行為

　インサイダー取引規制（金融商品取引法（以下、本稿において特別の断りのない限り、条文は同法のものを指す）166条、167条）は、上場会社等に係る業務等に関する重要事実（または公開買付け等事実）を職務等に関し知った会社関係者（または公開買付者等関係者）等について、その公表前に株券等を売買等することを禁止している。規制の対象者には、会社関係者や公開買付者等関係者だけでなく、それらの者から重要事実等の伝達を受けた者（情報受領者）も含まれている。

　このように改正前のインサイダー取引規制は、一定の要件のもとで株券等の売買等を禁止する規制であり、会社関係者や公開買付者等関係者が、他人に未公表の重要事実等を漏洩する行為については、インサイダー取引の教唆犯または幇助犯に該当する可能性があるものの、それ自体に関する特段の規制を設けていなかった。

---

[1] なお、改正法には投資法人の発行する投資証券等に関するインサイダー取引規制の導入も含まれているが、これについては、本書146頁を参照されたい。

【図表1】インサイダー取引規制違反の課徴金事案・犯則事件件数

年度	課徴金事案	うち、情報受領者が違反行為者の事案	犯則事件	うち、情報受領者が違反行為者の事案
17年度	4	0	4	1
18年度	11	3	8	5
19年度	16	7	4	1
20年度	17	3	6	4
21年度	38	21	7	3
22年度	20	12	4	3
23年度	15	12	6	4
24年度	19	14	2	0
合計	140	72	41	21

(注1) 課徴金事案は対象者ベース、犯則事件は告発ベースの件数。
(注2) 24年度の2件の犯則事件については、刑事裁判の過程で訴因変更により情報受領者によるインサイダー取引の嫌疑を適用し、判決が確定したため、最終的に情報受領者が違反行為者の事案となった。
＊筆者作成。

　こうしたインサイダー取引規制の枠組みは、昭和63年の証券取引法改正によりインサイダー取引規制が導入されて以降維持されてきたが、最近のインサイダー取引事案をみると、会社関係者や公開買付者等関係者自身によるインサイダー取引よりも、それらの者からの情報受領者によるインサイダー取引が多く生じており、上場会社等の内部者からの情報漏洩がインサイダー取引の契機となっている状況が顕著となってきている（**図表1**参照）。
　さらに、証券取引等監視委員会が課徴金納付命令の勧告を行った、一連の公募増資に関連したインサイダー取引事案では、上場会社の公募増資に際し、引受証券会社の営業部門等の職員が、機関投資家等に対して公募増資に関する内部情報を漏洩し、機関投資家等によるインサイダー取引を誘発したことが認められている（**図表2**参照）。

【図表2】 公募増資に関連したインサイダー取引事案

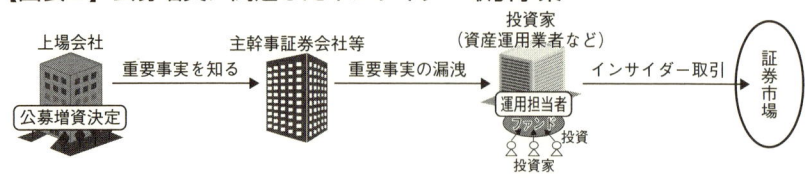

上場会社（公募増資決定）→重要事実を知る→主幹事証券会社等→重要事実の漏洩→投資家（資産運用業者など）運用担当者・ファンド・投資・投資家→インサイダー取引→証券市場

出所：金融庁「金融商品取引法等の一部を改正する法律（平成25年法律第45号）に係る説明資料」

発行会社	公募増資公表日	主幹事証券会社等	インサイダー取引行為者	課徴金勧告日（納付命令日）	課徴金額
国際石油開発帝石	平成22年7月8日	野村證券	（旧）中央三井アセット信託銀行（（現）三井住友信託銀行）	平成24年3月21日（平成24年6月27日）	5万円
日本板硝子	平成22年8月24日	JPモルガン	あすかアセットマネジメント	平成24年5月29日（平成24年6月26日）	13万円
みずほフィナンシャルグループ	平成22年6月25日	野村證券	（旧）中央三井アセット信託銀行（（現）三井住友信託銀行）	平成24年5月29日（平成24年6月27日）	8万円
東京電力	平成22年9月29日	野村證券	ファースト・ニューヨーク証券 個人	平成24年6月8日（平成25年6月27日）	1,468万円 6万円
日本板硝子	平成22年8月24日	大和証券	ジャパン・アドバイザリー合同会社	平成24年6月29日（平成25年1月8日）	37万円
エルピーダメモリ	平成23年7月11日	野村證券	ジャパン・アドバイザリー合同会社	平成24年11月2日（平成25年4月16日）	12万円

（注1） 野村證券については、平成24年8月3日に同社に対して業務改善命令を発出。
（注2） ジャパン・アドバイザリー合同会社については、平成24年6月29日に同社に対して投資助言・代理業の登録取消処分を実施。
（注3） 上記のほか、平成25年12月2日、監視委より次の4件の課徴金報告を実施。国際石油開発帝石の公募増資に関し、ニッセイアセットマネジメント（課徴金41万円（納付命令日：平成26年1月16日））、スタッツインベストメントマネジメント（同54万円）、フィノウェイブインベストメンツ（同17万円（納付命令日：平成26年1月16日））。日本板硝子の公募増資に関し、MAMPET.LED.（同804万円）

＊筆者作成。

(2) 課徴金の水準

　金融商品取引法における課徴金制度は、違反行為の抑止を図る観点から、違反者が違反行為によって得た利得を基準として金銭的負担を課す行政上の措置である。インサイダー取引を行った者に対する課徴金は、違反行為者が自己の計算でインサイダー取引を行った場合には、重要事実等の公表後の反対売買により期待し得る取引利益を基準として課徴金額を計算することとされる一方、違反行為者がファンド等の他人の計算でインサイダー取引を行った場合には、当該他人からの違反行為に係る報酬等の対価の額を基準として課徴金額を計算することとされている。

　公募増資に関連したインサイダー取引事案では、インサイダー取引を行った機関投資家等に対し課徴金納付命令を発出している（**図表2参照**）。これらのうち機関投資家の違反行為はファンドの計算（すなわち他人の計算）で行われたものであるが、改正前の計算方法に基づく課徴金額は、機関投資家の取引規模等と比較すると著しく少額なものとなっており、違反行為の抑止効果が十分に機能しないとの課題も生じていた。

(3) 検討の経緯

　こうした状況を踏まえ、平成24年7月4日、金融担当大臣より金融審議会に対し、我が国市場の公正性・透明性に対する投資家の信頼を確保する観点から、インサイダー取引規制の見直しの検討について諮問が行われた。なお、当該諮問では、情報伝達行為への対応や課徴金額の計算方法の見直しに加え、近年の違反事案の傾向や金融・企業実務の実態にかんがみたインサイダー取引規制の見直しについても検討を行うこととされた。

　当該諮問を受け、金融審議会金融分科会のもとに「インサイダー取引規制に関するワーキング・グループ」（座長：神田秀樹東京大学大学院法学政治学研究科教授）が設置され、平成24年7月から7回にわたり審議が行われ、同年12月25日に報告書が取りまとめられた[2]。金融商品取引法の改正のう

ち、インサイダー取引規制の見直し(投資法人の発行する投資証券等に関するインサイダー取引規制の導入を除く)については、当該報告書等を踏まえて行われたものである。

3 改正の概要

(1) 情報伝達・取引推奨行為に対する規制の導入(図表3参照)

a 情報伝達・取引推奨規制

改正法では、インサイダー取引規制を定める166条および167条の後に、情報伝達・取引推奨行為に対する規制が新設された(167条の2)。

(a) 規制の概要

インサイダー取引規制には、会社関係者を対象とした規制(166条)と公開買付者等関係者を対象とした規制(167条)があることを踏まえ、情報伝達・取引推奨規制についても、会社関係者を対象とした規制と公開買付者等関係者を対象とした規制が設けられている。

(ⅰ) 会社関係者を対象とした情報伝達・取引推奨規制(167条の2第1項)

上場会社等の会社関係者であって、当該上場会社等の重要事実を職務等に関し知ったものは、他人に対し、当該重要事実の公表前に当該上場会社等の特定有価証券等に係る売買等をさせることにより当該他人に利益を得させ、または当該他人の損失の発生を回避させる目的をもって、当該重要事実を伝達し、または当該売買等をすることを勧めてはならない。

(ⅱ) 公開買付者等関係者を対象とした情報伝達・取引推奨規制(167条の2第2項)

公開買付者等関係者であって、公開買付け等事実を職務等に関し知ったも

---

2 本報告書は、平成25年2月27日に開催された金融審議会総会・金融分科会合同会合において、金融審議会金融分科会報告として了承された。報告書の全文は金融庁のウェブサイト(http://www.fsa.go.jp/singi/singi_kinyu/tosin/20121225-1/01.pdf)に掲載されている。

【図表３】情報伝達・取引推奨行為に対する規制の導入

基本的考え方
- 情報受領者によるインサイダー取引を防止するためには、不正な情報漏えいをいかに抑止するかが重要
- 企業の通常の業務・活動に支障が生じないよう配慮しつつ、取引に結びつく不正な情報漏えいを規制

規制内容
① 未公表の重要事実を知っている会社関係者（上場会社や主幹事証券会社の役職員など）が、他人に対し、
② 「公表前に取引させることにより利益を得させる目的」をもって、③ 情報伝達・取引推奨を行うことを禁止
⇒ 当該行為により公表前の取引が行われた場合には刑事罰・課徴金の対象

違反抑止策	刑事罰	課徴金	注意喚起のための氏名公表
証券会社等の違反の場合	5年以下の懲役500万円以下の罰金法人重課5億円	証券会社等に対し、 ・取引を行った者からの仲介手数料（3月分） ・[増資に係る売りさばき業務の違反の場合] 　（上記の）仲介手数料（3月分）＋引受手数料の1/2	違反行為に関わった役職員 (補助的な役割を担った者を除く)
上記以外の違反の場合		・取引を行った者の利得の1/2	―

出所：金融庁「金融商品取引法等の一部を改正する法律（平成25年法律第45号）に係る説明資料」。

のは、他人に対し、当該公開買付け等事実の公表前に、公開買付け等の実施に関する事実に係る場合にあっては当該公開買付け等に係る株券等に係る買付け等をさせ、または公開買付け等の中止に関する事実に係る場合にあっては当該公開買付け等に係る株券等に係る売付け等をさせることにより当該他人に利益を得させ、または当該他人の損失の発生を回避させる目的をもって、当該公開買付け等事実を伝達し、または当該買付け等もしくは売付け等をすることを勧めてはならない。

以下、会社関係者を対象とした情報伝達・取引推奨規制についての概説を行うが、公開買付者等関係者を対象とした情報伝達・取引推奨規制についても、同様の考え方になるものと考えられる。

(b) 規制の趣旨

情報伝達・取引推奨規制は、公募増資に関連したインサイダー取引事案をはじめ、会社関係者からの情報伝達に基づくインサイダー取引事案が多数生

じている現状を踏まえ、不正な情報伝達に起因するインサイダー取引を防止するための規制である[3]。

インサイダー取引が規制の対象とされているのは、内部情報を知り得る特別な立場にある者が当該情報を知って取引を行えば、一般投資家と比べて著しく有利となってきわめて不公平であり、このような取引が横行するとすれば市場の信頼が損なわれることとなるためと考えられている[4]。会社関係者が重要事実の公表前に取引を行わせることにより利益を得させる等の目的をもって行う情報伝達・取引推奨行為は、会社関係者という「特別な立場にある者」が未公表の重要事実を知って、その者と特別の関係にある者に未公表の重要事実を伝え、または取引の推奨を行うことにより、当該特別な関係にある者に重要事実の公表前の有利な取引を行わせようとするものである。

これは、重要事実を知り得る「特別な立場にある者」（会社関係者）による特定の者に利益を得させる等の目的をもった行為が重要事実の公表前の有利な取引を引き起こす点で、証券市場に対する一般投資家の信頼を損なうおそれのある行為であり、また、そうした一般投資家の信頼を損ないかねない状況を当該会社関係者自らが作り出している点で、当該会社関係者の行為は、自らインサイダー取引を行うことに準ずる違法性のある行為であると考えられる。

(c) 規制対象者

情報伝達・取引推奨規制の対象者は、未公表の重要事実を通常知り得る特別の立場にある会社関係者とされている。また、会社関係者である者が未公表の重要事実を知った後に会社関係者でなくなる場合もあり得るため、インサイダー取引規制（166条1項後段）と同様に、会社関係者でなくなった後

---

3 会社関係者が未公表の重要事実を伝達することなく、取引推奨した場合、被推奨者が重要事実の公表前に取引を行ったとしても、被推奨者は基本的にインサイダー取引規制の違反とはならない。しかしながら、情報伝達行為のみを規制した場合には、情報伝達することなく、取引を勧めることによって規制の潜脱的行為が行われる可能性がある。このため、不正な情報伝達に起因するインサイダー取引を防止するためには、取引推奨行為も規制対象とする必要がある。
4 横畠裕介『逐条解説インサイダー取引規制と罰則』9、10頁（商事法務研究会、1989年）。

1年以内の者についても規制対象者とされている[5]。

　なお、会社関係者から未公表の重要事実の伝達を受けた者（情報受領者）については、上場会社等の内部情報を通常知り得る特別の立場になく、むしろそのような内部情報を通常知るべき立場にない者に対して会社関係者からの不正な情報伝達・取引推奨を防止していくことが重要であること、第1次情報受領者から未公表の重要事実の伝達を受けた者による取引は基本的にインサイダー取引規制の対象とされていないこと等から、規制対象者とされていない。

(d)　未公表の重要事実を知る契機

　会社関係者についてインサイダー取引規制が適用されるのは、会社関係者が未公表の重要事実を通常知り得る方法により知った場合（例えば「職務に関し知つたとき」(166条1項1号)）とされている（ただし、通常知り得る方法以外の契機により知った場合には、情報受領者の立場からの規制が適用される）。

　情報伝達・取引推奨規制の対象者が会社関係者とされているのは、前記(c)のとおり、会社関係者が未公表の重要事実を通常知り得る特別の立場にあるためであり、職務外の私的な関係等により通常知り得る契機以外によって未公表の重要事実を知った場合には、それは会社関係者であるがゆえの特別の立場に基づくものとは異なる。このため、情報伝達・取引推奨規制の対象は、会社関係者が未公表の重要事実を通常知り得る方法により知った場合（166条1項各号に定めるところにより知った場合）に限定されている。

(e)　目的要件

　重要事実を知っている会社関係者が行う情報伝達・取引推奨のすべてが、規制されるべき証券市場の公正性・健全性に対する一般投資家の信頼を害し得る行為ではない。重要事実を知っている会社関係者が行う情報伝達・取引

---

[5]　一方、公開買付者等関係者を対象とした情報伝達・取引推奨規制については、公開買付者等関係者を対象としたインサイダー取引規制（167条1項後段）の改正（本書139頁以下）を踏まえ、これと同様に、公開買付者等関係者でなくなった後6カ月以内の者について規制対象とされている。

推奨であっても、企業の正当な業務行為として通常行われるもの[6]については、規制対象から適切に除外される必要がある。また、企業の正当な業務行為以外であっても、例えば、家族に対し世間話として自己が取り組んでいる業務内容について話をするような場合もあり得るが、こうしたケースを規制対象とすることは家庭生活等に対する公権力の過度な介入となり得る[7]。

このため、規制対象とすべきでない行為が適切に除外され、かつ、不正な情報伝達・取引推奨が規制対象となるよう、「他人に対し、重要事実の公表前に売買等をさせることにより当該他人に利益を得させ、または当該他人の損失の発生を回避させる目的」(目的要件)がある場合に規制対象が限定されている。

(i) 行為者の認識・意思

目的要件は、かかる目的が存在することによって法益侵害の危険性が高まるものであり、主観的違法要素と解される。上記(b)のとおり、情報伝達・取引推奨規制の保護法益は、インサイダー取引規制と同様に、証券市場の公正性・健全性に対する一般投資家の信頼と考えられるが、未公表の重要事実を知っている者による情報伝達・取引推奨のすべてが、保護法益を侵害する危険性を惹起するものではなく、情報伝達・取引推奨のうち目的要件を充たすものがその危険性を高めるものと考えられる。

一般に、他人に対し未公表の重要事実を伝達し、または取引推奨をした場合には、それにより当該他人が重要事実の公表前に取引を行う可能性がないとは言い切れないと考えられる。例えば、会社の業務遂行の必要性から情報伝達をする際に、そのような未必的認識をもっていたとしても、それにより、証券市場に対する一般投資家の不信感を惹起するおそれはなく、目的要

---

6 例えば、業務提携の交渉や法律相談等のために自社の内部情報を相手方に開示する場合や、IR活動において自社の経営状況や財務内容等に関する広報を行う中で自社への投資を促すような一般的な推奨を行う場合等があり得る。
7 ただし、上場会社等の情報管理に関する社内規則違反となり得る点や、重要事実の伝達を受けた家族や知人が当該重要事実の公表前に取引を行うことはインサイダー取引となり得る点に留意が必要である。平成25年9月12日付金融庁「情報伝達・取引推奨規制に関するQ&A」(http://www.fsa.go.jp/news/25/syouken/20130912-1/01.pdf) 問2参照。

件を充たすものではないと考えられる。これに対し、例えば、他人に重要事実の公表前に取引を行わせることにより当該他人に利益を得させることを意欲して情報伝達した場合や、そのような結果が発生することを積極的に肯定・是認しながら情報伝達した場合には、証券市場において内部者に近い特別の関係にある者にのみ有利な取引を進んで行わせる行為が行われている点で、証券市場に対する一般投資家の信頼を失墜させる危険性が高まり、目的の存在が認められるものと考えられる。

条文上も、重要事実の公表前に売買等を「させる」ことにより、他人に利益を「得させ」、または損失の発生を「回避させる」目的を必要としており、これは、情報伝達や取引推奨に当たり、単に、他人が重要事実の公表前に売買等を行う可能性や当該売買等に起因した利益を得る可能性があることを認識していたということではなく、結果発生に対する積極的な意思が認められる場合に限り、目的の存在が認められるものであることを示しているものと解される[8]。

(ⅱ) 利益・損失

目的要件における利益・損失は、「重要事実の公表前に売買等をさせることにより」得られ、または回避されるものである。とくに重要事実が公表される前の売買等であることに起因した利益・損失回避を指すものであり、重要事実の存在やその公表のタイミングとは無関係の利益・損失回避は含まれないと考えられる[9]。

また、目的要件における利益・損失は、売買等をさせることにより他人に得させる利益・または回避させる損失であり、取引から生ずる経済的利益・損失回避を指すものと解され、投資運用業者がファンドの計算で売買等をすることにより得られる利益、または回避される損失も含まれると考えられる。

(f) 情報伝達・取引推奨の相手方

---

[8] 金融庁・前掲注7・問7参照。
[9] 金融庁・前掲注7・問3、問7参照。

その職務等に関し重要事実を知った会社関係者は、他人に対し、上記(e)の目的をもって情報伝達・取引推奨することが禁止される。他人には、自然人および法人が含まれる。情報伝達・取引推奨の相手方は、情報伝達・取引推奨を行う者の意図、態様等から実質的に判断されるものと解される。

(g) 情報伝達・取引推奨行為

禁止される行為は、重要事実を伝達し、または売買等をすることを勧めることである。

(i) 情報伝達行為

口頭、書面等により重要事実の内容を伝えることである。必ずしも重要事実の内容のすべてを伝えるものである必要はなく、その一部を伝えることも含まれる。

(ii) 取引推奨行為

明示的に売買等を勧める場合のみに限られるものではなく、売買等を勧める行為を行ったか否かは、行為者の言動等によって実質的に判断される。仮に明示的に売買等を勧めなかったとしても、他人に対し、早期の、または一定期間内の売買等を促すような言動等を行った場合には、規制違反に該当する可能性がある[10]。

b エンフォースメント

情報伝達・取引推奨規制のエンフォースメント手段として、違反者に対する刑事罰（197条の2第14号・15号）、課徴金制度（175条の2）が整備されている。また、情報伝達・取引推奨規制の違反を含め、金融商品取引法令の違反行為を行った者に関する氏名等の公表規定（192条の2）が創設されている（後記(3)参照）。

以下、会社関係者を対象とした情報伝達・取引推奨規制に関するエンフォースメントについて概説を行う。なお、公開買付者等関係者を対象とした情報伝達・取引推奨規制についても、同様のエンフォースメント手段が整

---

10 金融庁・前掲注7・問5参照。

備されている。
　(a)　刑事罰
　(i)　法定刑
　インサイダー取引規制の違反者に対する法定刑と同水準とされている。すなわち、情報伝達・取引推奨規制に違反した者は、5年以下の懲役もしくは500万円以下の罰金またはこれを併科することとされている（197条の2第14号）。また、法人の役職員が法人の業務等に関し違反行為をした場合には、その行為者を罰するほか、その法人に対して5億円以下の罰金刑を科すこととされている（法人両罰。207条1項2号）。

　これは、未公表の重要事実を知っている「特別の立場にある者」による行為が重要事実の公表前の有利な取引に結び付く点、および、そうした状況を情報伝達・取引推奨者自らが不正な目的をもって作り出している点で、自らインサイダー取引を行うことに準ずる違法性を有する行為であると考えられるためである。

　(ii)　処罰要件
　情報伝達・取引推奨規制は、インサイダー取引を未然防止しようとするものであること等を踏まえ、規制違反者に対し刑事罰が科されるのは、当該違反により情報伝達・取引推奨を受けた者が重要事実の公表前に売買等をした場合に限ることとされている（197条の2第14号）。

　情報伝達・取引推奨規制の違反「により」とされているのは、情報伝達・取引推奨が被伝達者・被推奨者の投資判断の要素となって取引が行われたことを必要とする趣旨である。具体的には、情報伝達・取引推奨を受けたことが決め手となって取引が行われたというほどの強い関連性を必要とするものではなく、1つの考慮要素となった程度の関連性があれば充たされるものと解される。

　なお、インサイダー取引規制では、重要事実が公表される前の売買等であっても、証券市場の公正性・健全性に対する一般投資家の信頼を損なうおそれの低いものについて規制を適用除外している（166条6項）。このため、

情報伝達・取引推奨を受けた者が重要事実の公表前に売買等を行ったとしても、当該売買等がインサイダー取引規制の適用除外となるものであれば、処罰対象から除外することとしている。

　このような処罰要件を設けることにより、情報伝達・取引推奨規制の違反とはなるが、刑事罰の対象とならないケースが生ずることとなる。こうしたケースでは、金融商品取引業者等が規制違反となる行為を行ったと考えられる場合には行政処分の対象となり得るほか、上場会社等の役職員がそのような行為を行った場合についても、上場会社等の社内規則に違反することとなり得る[11]。

　(iii)　インサイダー取引の教唆犯・幇助犯との関係

　重要事実の伝達行為は、その態様によってはインサイダー取引の教唆犯・幇助犯に該当する可能性があるが、次のような観点から、独立の犯罪として定める必要性があるものと考えられる。

① 一定の情報伝達が犯罪行為に当たることが明文化されることで、インサイダー取引の抑止に向けた一般予防効果が期待し得ること
② 教唆犯・幇助犯に法人両罰規定の適用があるか否か疑義があるところ、独立の犯罪として定めることで明確に法人両罰の対象とし得ること
③ インサイダー取引の幇助犯（正犯の法定刑の2分の1に減軽）に該当する行為について法定刑の引上げが可能となること

　不正な情報伝達を行った場合、情報伝達規制の違反とインサイダー取引の教唆犯・幇助犯とのいずれの罪についても成立要件が充たされる場合があり得る。こうした場合の罪数関係については、両罪ともに、証券市場の公正性・健全性に対する一般投資家の信頼という保護法益を同じくするものである一方、情報伝達規制は、重要事実の伝達による違反類型についてとくに禁止規定を設けていること等にかんがみると、インサイダー取引の教唆犯・幇助犯は、情報伝達規制の違反に吸収され、一罪と評価されるものと解され

11　金融庁・前掲注7・問6参照。

る。
　(b)　課徴金
　(i)　概　要

　金融商品取引法の課徴金制度では、違反行為者に対し違反行為による一般的・抽象的に想定される経済的利得相当額の課徴金を課すこととされており、情報伝達・取引推奨規制に違反した者についても、違反行為の類型に応じ、一般的・抽象的に想定される経済的利得相当額の課徴金を課すこととされている（175条の2）。

　なお、課徴金の対象となるのは、情報伝達・取引推奨規制の違反により情報伝達・取引推奨を受けた者（情報受領者等）が重要事実の公表前に売買等をした場合に限ることとされている。また、当該売買等がインサイダー取引規制の対象から除外されるものであれば、課徴金の対象から除外することとされている。これらは、刑事罰の対象として処罰要件を設けている趣旨と同様の考え方に基づくものである（前記(a)(ii)参照）。

　(ii)　仲介関連業務に関し違反行為をした場合の課徴金（175条の2第1項1号）

　インサイダー取引規制の対象となる有価証券（「特定有価証券等」）の仲介関連業務[12]を行う者（例えば証券会社）は、顧客に対し、特定有価証券等に関する未公表の重要事実を伝達し、または当該重要事実を知りつつ取引推奨をすることによって顧客の評価を高めることが可能となる。実務上、証券会社は、資産運用業者等から一定期間ごと（3カ月ごとが多い）にブローカー評価を受けており、違反行為によってブローカー評価を高めることができれば、取引注文の増加および仲介手数料の確保につながるものと考えられる。

　これらを踏まえ、特定有価証券等の仲介関連業務に関し違反行為をした場合（後記(iii)のケースを除く）には、違反行為が行われた月[13]における情報受

12　仲介関連業務とは、有価証券の売買や市場デリバティブ取引の媒介・取次ぎ・代理（2条8項2号）、その委託の媒介・取次ぎ・代理（同項3号）等の業務をいう。
13　違反行為が複数の月にわたる場合には、最後に違反行為が行われた月。

領者等からの仲介関連業務の対価に相当する額[14]に3を乗じて得た額（つまり3カ月分の仲介関連業務の対価全体）の課徴金を課すこととされている。

なお、仲介関連業務「に関し」違反行為をしたとは、仲介関連業務自体において違反行為をした場合のほか、仲介関連業務と密接に関連する業務において違反行為をした場合が含まれるものと解される。

　(iii)　募集等の売さばき業務に関し違反行為をした場合の課徴金（法175条の2第1項2号）

有価証券の募集等に係る売さばき業務を行おうとする者（引受証券会社等）については、顧客に対し、当該有価証券の発行者に関する未公表の重要事実を伝達し、または当該有価証券の取引推奨を行うことで、あらかじめ顧客に空売りやポジション調整を可能とさせ、それによって募集等に係る申込みを確保することが行われる可能性がある。

有価証券の発行者からの募集等に係る引受手数料は、引受業務および売さばき業務の対価であり、このうち売さばき業務に係る部分は、販売の難易度や引受リスク等を勘案して、実務上、引受手数料全体の約半分を占めることも多い。このため、売さばき業務に関して行われる違反行為の一般的・抽象的に想定される経済的利得相当額は、引受手数料の半分に相当する額と考えることが可能である。

また、募集等の売さばき業務に関して違反行為が行われた場合についても、前記(ii)と同様に、情報受領者等のブローカー評価を高めることができれば、取引注文の増加および仲介手数料の確保につながるものと考えられる。

これらを踏まえ、特定有価証券等に係る募集等業務[15]に関し違反行為をした場合には、①違反行為が行われた月における情報受領者等からの仲介関連

14　証券会社が情報伝達・取引推奨をする可能性のある機関投資家は、証券会社のサービス・能力等を勘案して定期的に、様々な投資対象を含めた取引全体の発注量を決める実務があり、証券会社が情報伝達・取引推奨により確保し得る手数料等の収入は仲介関連業務全般に及ぶものと考えられる。なお、手数料等の対価に相当する額の計算方法の詳細は内閣府令で定めることとされている。

15　募集等業務とは、有価証券の募集・売出しの取扱いまたは私募・特定投資家向け売付け勧誘等の取扱いの業務をいう。

業務の対価に相当する額に3を乗じて得た額（前記(ii)と同様の計算方法による額）（同号イ）、ならびに、②当該募集等業務および当該募集等業務に併せて行われる引受業務の対価に相当する額[16]に2分の1を乗じて得た額（同号ロ）の合計額の課徴金を課すこととされている[17]。

　募集等業務「に関し」違反行為をしたとは、募集等業務自体において違反行為をした場合のほか、募集等業務と密接に関連する業務において違反行為をした場合が含まれるものと解される。なお、違反行為の対象となる重要事実としては、典型的には当該募集等の事実そのものが考えられるが、それ以外の重要事実を伝達する場合であっても新株取得の申込みの確保につながり得るため、違反行為の対象となる重要事実の範囲は限定されていない。

(iv)　前記(ii)・(iii)以外の違反行為をした場合の課徴金（175条の2第1項3号）

　情報受領者等に利益を得させる等の不正な目的をもって情報伝達・取引推奨を行うケースでは、情報伝達・取引推奨者は情報受領者等と長期にわたる親密な関係にある場合が一般的と考えられる。

　情報受領者等が取引をしたとしても、情報伝達・取引推奨者には直接の取引利益が帰属しないため、処罰リスクを負いながら、情報受領者等に利益を得させる等の目的をもって違反行為を行う場合には、情報受領者等から何らかの利得を得、あるいは得ていることが合理的に想定される。情報伝達・取引推奨者が違反行為によって得る経済的利得としては、情報受領者等から得られる便宜供与、人脈形成、サービス提供、情報提供など様々なものがあり得、むしろ実態としては、そうした様々な利得が得られる対価として、「確実に利益の生じる情報」を提供することが一般的と考えられる。実際の課徴

16　対価に相当する額の計算方法の詳細は内閣府令で定めることとしている。
17　同一の募集等業務に関し2以上の違反行為が行われた場合（例えば、ある上場会社の公募増資に関する募集の取扱いを行うに際し2以上の投資家に対し未公表の重要事実を伝達した場合）には、引受手数料の点では同一の募集等に係る引受手数料を確保するものにすぎないため、課徴金額の計算方法のうち引受手数料に係る部分（175条の2第1項2号ロ）については、二重計算をすることのないよう調整規定が設けられている（185条の7第12項・13項）。

金事案でも、過去から相当の期間にわたり有形無形の利得を享受していることがうかがえる状況が認められている。こうした利得の経済的価値は事案によって異なり得るが、共同して犯罪行為を行った者の中では得られた利益を折半することが多いことを踏まえると、情報伝達・取引推奨者は、情報受領者等が得た取引利益の少なくとも半額程度の価値に当たる利得を享受していると考えられる。

これらを踏まえ、違反行為の抑止を図る観点から、情報伝達・取引推奨者の一般的・抽象的に想定される経済的利得相当額は、情報受領者等が売買等によって得た利得相当額[18]の2分の1に相当する額であると擬制し、課徴金を課すこととされている。

なお、情報伝達・取引推奨者が得る利得は、情報受領者等からの過去から将来にわたる様々な有形無形の利得であり、情報受領者等が売買等によって得た取引利益とは利得の源泉が異なるものと考えられる。このため、仮に情報受領者が行った売買等がインサイダー取引規制に違反するとして、当該売買等からの利得相当額を基準に情報受領者に対して課徴金を課したとしても利得の二重計算とはならないものと考えられる。

(v) 法人に対する課徴金の適用関係

情報伝達・取引推奨規制の対象者となる会社関係者には、とくに自然人に限定される類型を除き法人も含まれる（166条1項各号参照）。このため、前記(ii)〜(iv)について、違反者が誰であるかについての事実認定に基づき、会社関係者である法人が違反者と認められる場合（例えば、法人の役員等が法人の業務として違反行為を行った場合[19]）には、違反者に当たる法人に対して

---

18 インサイダー取引規制に違反した者に対する課徴金の計算方法と同様の方法により計算することとしている（175条の2第3項、5項から8項までおよび15項）。具体的には、①情報受領者等が特定有価証券等の売付け等をした場合には、「当該売付け等をした価格にその数量を乗じて得た額」から「重要事実の公表後2週間における最も低い価格にその数量を乗じて得た額」を控除した額、②情報受領者等が特定有価証券等の買付け等をした場合には、「重要事実の公表後2週間における最も高い価格にその数量を乗じて得た額」から「当該買付け等をした価格にその数量を乗じて得た額」を控除した額を情報受領者等の得た利得相当額としている。

19 法人の役員等が「法人の業務として」違反行為を行った場合とは、当該役員等の行為が客観的に当該法人の業務の一環と評価できる場合が該当するものと考えられる。

課徴金を課し、個人が違反者と認められる場合（個人的な行為としての違反の場合）には、違反者に当たる個人に対し課徴金を課すこととなる[20]。

一方、特定有価証券等の発行者である上場会社等自体は会社関係者に該当しない（166条1項1号参照）ため、当該上場会社等の役員等が当該上場会社等の業務として不正な情報伝達・取引推奨行為を行ったとしても、当該上場会社等は違反者に該当しない。しかしながら、当該上場会社等の業務として不正な情報伝達・取引推奨行為が行われた場合、当該上場会社等の業務として行われた行為であることに加え、当該行為による利得は当該上場会社等に帰属すると考えられるため、こうしたケースにおいては、当該上場会社等に対し前記(ii)から(iv)の計算方法による課徴金を課すこととされている（175条の2第13項）。

ただし、特定有価証券等の発行者である上場会社等の業務として不正な情報伝達・取引推奨行為が行われることは通常考えにくく、同項の規定に基づき課徴金を課すようなケースは例外的な場合に限られることになるものと考えられる。

(c) 違反行為を行った者の氏名等の公表措置

改正法では、公益または投資者保護のため必要かつ適当であると認めるときに、違反行為を行った者の氏名や取引の公正を確保するために必要な事項等を公表することができる規定が創設された（192条の2）。詳細は後記(3)を参照。

当該規定に基づき、証券会社や投資家に対する注意喚起の観点から、繰り返し違反行為を行う可能性が高いと考えられる者として、情報伝達・取引推奨規制の違反行為を行った証券会社等の役職員（補助的な役割を担った者を除く）の氏名等を公表することが想定される。

20　課徴金は行政処分の一種であるため、法人が違反行為を行ったと認定される場合には、法人自体が違反行為者としての処分対象となる。これに対し、刑事罰においては、法人の業務として違反行為が行われた場合でも、実行行為者たる個人が違反行為を行ったものとして処断される。なお、法人についても両罰規定の適用があり得る。

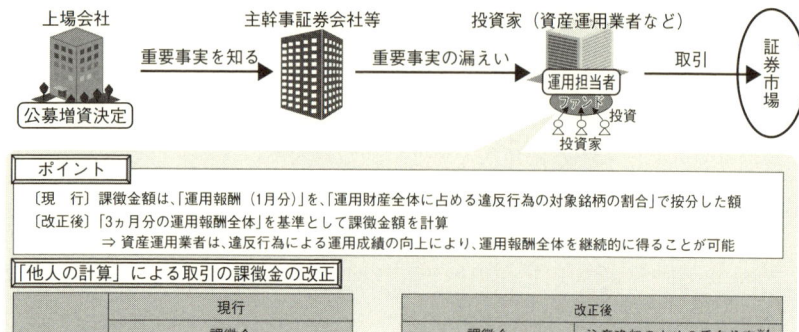

【図表4】資産運用業者の違反行為に対する課徴金の引上げ

出所：金融庁「金融商品取引法等の一部を改正する法律（平成25年法律第45号）に係る説明資料」。

(2) 資産運用業者の違反行為に対する課徴金の引上げ

　資産運用業者が「他人の計算」で違反行為を行った場合の改正前の課徴金額は、違反行為に対する抑止効果が十分に期待できないものとなっているとの指摘があったことを踏まえ、改正法では課徴金額の計算方法の見直しが行われた（図表4参照）。

a　改正前の制度

　不公正取引に関する課徴金制度は、平成16年の旧証券取引法改正において、違反行為の抑止を図り、規制の実効性を確保する目的で導入された[21]。その際、「他人の計算」による不公正取引については、上場会社等の役員等

21　改正前の不公正取引に関する課徴金の対象は、風説の流布等（173条）、仮装・馴合売買（174条）、現実売買による相場操縦（174条の2）、安定操作取引（174条の3）、インサイダー取引（175条）とされていた。

が上場会社等の計算でインサイダー取引を行った場合（175条9項）を除き、課徴金の対象とされていなかったが、平成20年の金融商品取引法改正により、金融商品取引業者等が顧客等の計算で違反行為を行った場合について課徴金の対象に追加された。

　その場合の課徴金額は、違反行為に係る「手数料、報酬その他の対価の額」とされ、具体的な計算方法は内閣府令で定めることとされていた（175条1項3号など）。内閣府令では、①金融商品取引業者等が顧客等の運用財産の運用として違反行為を行った場合には、「違反行為が行われた月の運用報酬額」に「当該運用財産の総額に占める違反行為の対象銘柄の総額（最大値）の割合」を乗じた額、②金融商品取引業者等が①以外により顧客等の計算で違反行為を行った場合には、「違反行為の対価の額」の課徴金を課すこととされていた。

　なお、平成24年の金融商品取引法改正により、金融商品取引業者等が顧客等の計算で違反行為を行った場合に限らず、「他人の計算」で違反行為を行った者全般について課徴金の対象とされている（平成25年9月6日施行）が、課徴金額の計算方法は、基本的に従前の計算方法が維持されていた。

b　改正の概要

　「他人の計算」により違反行為を行う可能性がある者としては、ⓐ運用委託契約等に基づき資産運用業務として売買等を行う者（資産運用業者）と、ⓑその他業者以外の者も含め主に単発の取引を行う者が類型的に考えられる。

　ⓑについては、違反行為に対する直接的な報酬等が違反行為者の得る一般的な利得と考えられるため、違反行為の対価を課徴金額とする現行の計算方法（前記ⓐ②）が基本的に適当であると考えられる。一方、ⓐについては、資産運用業者は、違反行為によりファンド等の運用成績を向上させることで自らの評価を高め、既存顧客との継続的関係の構築や潜在顧客の開拓に結び付けることにより、将来的な運用報酬の維持・増加といった利得を得ることが可能となる。これを踏まえ、改正法では、「他人の計算」で違反行為を

行った場合の課徴金額について、ⓐとⓑとのケースを区分して計算方法が規定されている（173条1項4号、174条1項4号、174条の2第1項2号、174条の3第1項2号ならびに175条1項3号および2項3号）。

(i) 資産運用業者が違反行為を行った場合

投資一任契約に基づく運用、投資信託財産の運用またはファンドの自己運用等として違反行為を行った者については、当該違反行為をした月[22]における違反行為の効果の帰属する運用対象財産の運用の対価に相当する額[23]に3を乗じて得た額（つまり3カ月分の運用報酬額）[24]の課徴金を課すこととされている。

(ii) (i)以外の者が違反行為を行った場合

違反行為に係る手数料、報酬その他の対価の額[25]の課徴金を課すこととされている。

(3) 法令違反行為を行った者の氏名等の公表規定の創設

不公正取引に関する課徴金事案において、繰り返し違反行為を行う可能性が高いと考えられる者[26]については、違反行為者に課徴金を課すことに加え、取引相手先となり得る証券会社や投資家等に対して注意喚起し、将来的な違反行為の未然防止等を図っていくことが重要である。

22　違反行為が2以上の月にわたって行われたものである場合には、それらの月のうち最後の月。
23　違反行為の効果の帰属する運用対象財産、および、運用の対価に相当する額の計算方法の詳細は内閣府令で定めることとされている。
24　運用委託を行う投資家は、資産運用業者の運用状況を少なくとも定期的に確認しており、運用成績が悪ければ、契約期間満了前でも運用委託契約を解除することがあり得る。様々なケースがあるが、四半期ごとに運用状況の報告を求める実務もあること等を踏まえると、資産運用業者の違反行為から生ずる利得は、少なくとも継続的な運用委託から生ずる四半期分（3カ月分）の運用報酬と考えることが可能である。
25　違反行為に係る対価の額の計算方法の詳細は内閣府令で定めることとされている。
26　具体的には、次のような者が想定される。
　　・情報伝達・取引推奨規制に違反する行為に関わった証券会社等の役職員（補助的な役割を担った者を除く）
　　・取引上の立場を利用して未公表の重要事実を要求するなどにより、インサイダー取引を行った者
　　・インサイダー取引等の不公正取引を反復して行った者

このため、改正法では、公益または投資者保護のため必要かつ適当であると認めるときは、金融商品取引法令の違反行為を行った者の氏名その他違反行為による被害の発生・拡大を防止し、または取引の公正を確保するために必要な事項を一般に公表することができることとされている（192条の2）[27]。

　行政機関による個人名等の公表は、その対象者の権利義務に対して直接法効果を及ぼすものではないため、基本的に行政処分（行政行為）には該当しないものと考えられる。しかしながら、個人名等の公表は、その対象者の社会的信用等に影響を与えるものであり、とくに課徴金事案に係る違反行為者は、必ずしも法令上の参入規制に服している資格者ではないこと等から、法令上の根拠を設けることとしたものである。

(4) 実効性のある課徴金調査等のための制度整備

a　物件提出命令の追加

　不公正取引等に関する課徴金調査においては、例えば取引の記録や情報伝達の裏付け証拠など、違反行為を裏付けるための証拠を集める必要があるが、改正前の金融商品取引法では、事件関係人に物件の提出を命ずることが認められておらず、調査の実効性が不十分な状況となっていた。

　このため、改正法では、課徴金調査において事件関係人に対し物件提出を命じ、または提出物件を留め置くことができることとされている（177条1項2号）。

b　公務所等への照会権限の追加

　不公正取引等に関する課徴金調査においては、例えば違反行為者の所在等を確認するために、実務上、公務所等への照会を行うことが必要となる場合がある。この点、改正前の金融商品取引法のもとでも、「参考人」に対する

---

[27]　不公正取引に関する課徴金事案以外の金商法令の違反行為について個人名等を公表することもあり得るため、金融商品取引法第7章（雑則）において規定が設けられている。なお、公表にあたっての手続が内閣府令に委任されている。

【図表5】近年の金融・企業実務を踏まえたインサイダー取引規制の見直し

インサイダー取引規制の対象者の見直し

公開買付者 ······→ 被買付企業 ──公開買付け情報を伝達→ 情報受領者
                                買付け↓

〔現　行〕被買付企業は、公開買付者との間で特段の契約がない場合には、「内部者」に該当せず
⇒被買付企業からの情報受領者は「第二次情報受領者」として規制対象から漏れてしまう

〔改正後〕被買付企業は、公開買付者との契約がなくとも、「内部者」に該当することを明確化
※被買付企業は、公開買付者からの事前告知により、予め公開買付け情報を知っていることが一般的

重要事実を知っている者同士の取引の適用除外

会社関係者（上場会社の役職員等）─取引→ 第一次情報受領者 ─取引→ 第二次情報受領者

〔現　行〕重要事実を知っている者同士の取引であっても、
・「会社関係者」と「第一次情報受領者」との取引は適用除外されるが、
・「第一次情報受領者」と「第二次情報受領者」との取引は適用除外の対象となっていない
⇒「第一次情報受領者」が保有株式を売却する際に実務上の支障

〔改正後〕「第一次情報受領者」と「第二次情報受領者」との取引について、インサイダー取引規制の適用除外の対象とする

公開買付け情報の伝達を受けた者の適用除外

公開買付者 ──公開買付け情報を伝達→ 情報受領者
    ↓公開買付け   買付け↑
被買付企業

〔現　行〕公開買付け情報の伝達を受けた情報受領者による被買付企業の株式の買付けは禁止
⇒公開買付者が競合相手による買付けを阻止するために伝達を受けるなど、公正な競争・取引の円滑に支障

〔改正後〕次の場合には、情報受領者による買付けを可能とする
①【情報の周知】情報受領者が自ら公開買付けを行う際に「公開買付届出書」等に伝達を受けた情報を記載した場合
②【情報の陳腐化】情報受領者が伝達を受けてから6ヵ月経過した場合

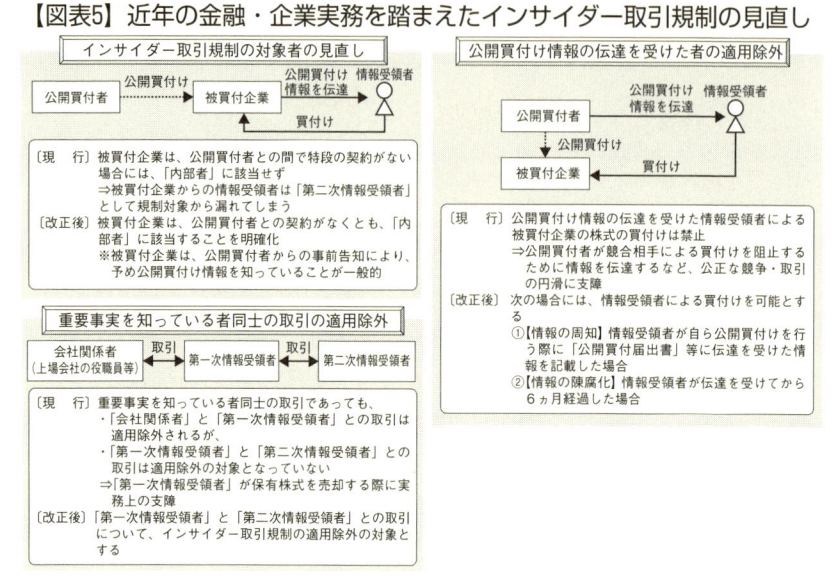

出所：金融庁「金融商品取引法等の一部を改正する法律（平成25年法律第45号）に係る説明資料」。

質問や意見・報告の徴取が可能とされている（177条1号）が、当該「参考人」に公務所が含まれるか否かは明確となっていない。

このため、改正法では、課徴金調査に付随し、公務所等へ照会して必要な事項の報告を求めることができることが明文化されている（177条2項）。なお、これに併せ、開示規制に係る調査（26条、27条の22、27条の30および27条の35）や審問等に関する調査（187条）についても、公務所等への照会権限が明文化されている。

(5) **近年の金融・企業実務を踏まえたインサイダー取引規制の見直し**

改正法では、公募増資に関連したインサイダー取引事案等を踏まえた上記の見直しのほか、近年の違反事案の傾向や金融・企業実務の実態にかんがみたインサイダー取引規制の見直しも行われた（**図表5参照**）。

a　公開買付者等関係者の範囲の拡大
　(a)　背　景
　近年、公開買付けの対象となる被買付企業の役員等やその情報受領者によるインサイダー取引が増加している。

　改正前においても、被買付企業が「公開買付者等と契約を締結している者または締結の交渉をしている者」（契約締結・交渉者。167条1項4号）に該当すれば、被買付企業およびその役員等は「公開買付者等関係者」となる。これまでの課徴金事案では、公開買付者と被買付企業との守秘義務契約等に基づき被買付企業およびその役員等を契約締結・交渉者と認定してきた。

　しかしながら、常に被買付企業を契約締結・交渉者と認定できるとは限らず、仮にそのような認定ができない場合には、被買付企業の役員等からの情報受領者が行った取引についてインサイダー取引規制の違反を問うことができなくなるといった問題が生じ得る[28]。

　(b)　改正の概要
　我が国における公開買付けの大半は友好的なものであり、友好的な公開買付けにおいては、被買付企業は必ず公表前に公開買付けに関する事実を告げられている。また、敵対的な公開買付けであったとしても、公開買付けに対する賛否を確認するために、あらかじめ公開買付者から被買付企業に対して公開買付けに関する事実を告げることが一般的である。これらを踏まえると、被買付企業およびその役員等は、公開買付者等の未公表の公開買付け等事実を知り得る特別の立場にある者であると考えられる。

　このため、改正法では、被買付企業およびその役員等を「公開買付者等関係者」と位置付けることとされている（167条1項5号）[29]。そして、公開買

---

[28]　仮に被買付企業を「公開買付者等関係者」と認定できない場合には、公開買付者等から公開買付け等事実の伝達を受けた被買付企業およびその役員等は第1次情報受領者となり、当該役員等からの情報受領者は第2次情報受領者となり得る。

[29]　本規定は、被買付企業が公開買付者等から公開買付け等事実の伝達を受けることが一般的であることを踏まえたものである。その趣旨から上場会社等が自社株の公開買付けを行う場合を除外している。なお、この場合でも、当該上場会社等の役員等については、公開買付者の役員等として「公開買付者等関係者」となる（167条1項1号）。

付者等関係者に対しインサイダー取引規制が適用されるのは、公開買付者等関係者が、公開買付け等事実を通常知り得る方法により知った場合に限定されている[30]ことを踏まえ、以下の場合にそれぞれ規制が適用されることとされている。

(i) 公開買付者等関係者が被買付企業の場合

被買付企業が公開買付け等事実を通常知り得る方法としては、公開買付者等からの伝達によることが考えられるため、被買付企業は、公開買付者等からの伝達により知った場合に規制が適用される。

(ii) 公開買付者等関係者が被買付企業の役員等の場合

被買付企業の役員等については、公開買付者等の関係者との私的な会合で知った場合等が対象とならないよう、当該役員等の職務に関し公開買付者等からの伝達により知った場合に規制が適用される。

なお、当該伝達により公開買付け等事実を知った役員等以外の被買付企業の役員等についても、その者の職務に関し知った場合には規制が適用されることとされている（167条1項6号）。

b　重要事実を知っている者同士の取引に係る適用除外の見直し

(a) 背　景

インサイダー取引規制では、未公表の重要事実・公開買付け等事実を知っている一定の者の間で行われる相対取引（いわゆる「クロクロ取引」）については規制が適用除外される（166条6項7号、167条5項7号）。

ただし、公開買付者等関係者を対象としたインサイダー取引規制では、規制の対象となる者によるクロクロ取引がすべて適用除外されるのに対し、会社関係者を対象としたインサイダー取引規制では、改正前の規定の文言上、会社関係者または第1次情報受領者に該当する者の間におけるクロクロ取引のみが適用除外されることとなっており、第1次情報受領者と第2次情報受領者との間で行う取引[31]は適用除外されず、両規制の間で適用除外される範

30　167条1項各号。ただし、情報受領者に該当すれば、情報受領者としてインサイダー取引規制が適用される（167条3項）。

囲に差異が生じている。これによって次のような支障が生じていることが指摘されている。

実務上、例えば上場会社の大株主が持株比率を下げる等のために保有株を大口で売却する場合に、価格変動リスクを避ける観点から市場外の相対で取引をすることがある。その際、当該大株主が第1次情報受領者として当該上場会社に係る未公表の重要事実を知っていた場合には、インサイダー取引規制の違反とならないよう、大株主からの依頼に基づき上場会社が買手に重要事実を伝達することにより、第1次情報受領者間の取引とするなど、迂遠な手続が必要となっている。

(b) 改正の概要

インサイダー取引規制においてクロクロ取引が適用除外された趣旨は、未公表の重要事実・公開買付け等事実を知っている者の間で、証券市場によることなく相対で取引を行うことは、通常、証券市場の公正性・健全性に対する一般投資家の信頼を害するおそれは低いと考えられることや、財産権に対する制約を必要最小限にとどめる必要があること等が考慮されたものと考えられる。

こうした点を踏まえれば、会社関係者を対象としたインサイダー取引規制と公開買付者等関係者を対象としたインサイダー取引規制との間で適用除外の範囲に差異を設ける合理性は乏しいと考えられるため、改正法では、会社関係者を対象としたインサイダー取引規制について、会社関係者または第1次情報受領者に該当する者の間における取引のみならず、第1次情報受領者と第2次情報受領者との間で行う相対取引についても規制を適用除外することとされている（166条6項7号）。

c 公開買付け等事実の情報受領者に係る適用除外規定の創設

(a) 背　景

公開買付者等関係者を対象としたインサイダー取引規制について、公開買

31　正確には、会社関係者または第1次情報受領者と、第2次以降の情報受領者との間で行う取引が適用除外されないこととなっている。

付け等事実の情報受領者は、公開買付者等による公表が行われるまで、基本的に対象会社の株券等を買い付けることができないため、次のような支障が生じているとの指摘がなされている。

- 公開買付けの実施を決定した者（提案者）が他の者（被提案者）に共同公開買付けを提案したものの協議不調となった場合、被提案者は、競争関係にある提案者が公開買付け実施の公表を行うまでの間、対象会社の株式の買付けができなくなる。また、被提案者が提案者の公開買付け実施の有無について確認できなくなることにより、仮に提案者が公開買付け実施を取り止めていたとしても対象会社の株式の買付けができなくなってしまう。
- 公開買付けを行おうとする者が、同一の対象会社の買収を行う可能性のある競合他社に対し、自ら公開買付けを行う予定である旨を伝え、当該競合他社による買収（公開買付け等）を阻止するという事案が生じている。

こうした状況は、企業買収等に係る公正な競争を阻害するとともに、有価証券取引の円滑をも害することとなり得るため、公開買付け等の実施に関する事実の情報受領者であっても、インサイダー取引規制の趣旨から問題が少ないと考えられる場合には、対象会社の株券等の買付けを可能とすることが求められる。

(b) 改正の概要

金融商品取引法上、未公表の公開買付け等の実施に関する事実を知った者について、対象会社の株券等の買付けが禁止されているのは次の理由によるものと考えられる。

すなわち、公開買付け等を実施する場合には、通常、その対象となる株券等の相場が上昇するものと考えられるが、そのような未公表の事実を知っている特別の立場にある者は、それを知り得ない一般の投資家と比べて著しく有利な立場となる。そうした者による買付けが行われた場合には、証券市場の公正性・健全性に対する一般投資家の信頼を損なうこととなり得る。

かかるインサイダー取引規制の趣旨を踏まえると、次の場合には情報受領者による買付けが行われたとしても問題は少ないと考えられる。

① 情報受領者と一般投資家との間の情報の非対称性が解消されている場合
② 情報受領者が伝達を受けた情報が投資判断を行う上で有用性を失っていると認められる場合

(i) 情報受領者と一般投資家との間の情報の非対称性が解消されている場合

未公表の公開買付け等の実施に関する事実の情報受領者が、自ら公開買付けを行おうとするときは、公開買付規制により、公開買付開始公告および公開買付届出書の提出が行われる（27条の3）。情報受領者が伝達を受けた情報をこれらに明示・記載すれば、一般投資家との情報の非対称性は解消されるものと考えられる。

このため、改正法では、特定公開買付者等関係者（公開買付者等関係者であって、その者の職務等に関し公開買付け等の実施に関する事実[32]を知ったものをいう。後記(ii)において同じ）から当該事実の伝達を受けた者（公開買付者等関係者も含まれる）が株券等の買付けをする場合に、その者による公開買付開始公告および公衆縦覧に供された公開買付届出書に、以下の事項が明示・記載された場合にはインサイダー取引規制を適用除外することとされている（167条5項8号）。

① 伝達を行った者の氏名・名称
② 伝達を受けた時期
③ 伝達を受けた公開買付け等の実施に関する事実の内容（詳細は内閣府

---

32 公開買付け等の実施に関する事実が公表された後、その中止決定がなされた場合には、当該中止決定が公表されるまでの間、当該中止決定の伝達を受けた者は対象株券等の売付けが禁止されるが、既に公開買付け等の実施に関する事実が公表されている以上、中止決定があれば通常は遅滞なく公表されるため、適用除外の対象とする必要性は乏しい。このため、公開買付け等の実施に関する事実について伝達を受けた場合等に適用除外の対象が限定されている。情報受領者が伝達を受けた情報が投資判断を行う上で有用性を失っていると認められる場合（(ii)）の適用除外においても同じ。

令に委任)[33]

(ⅱ) 情報受領者が伝達を受けた情報が投資判断を行う上で有用性を失っていると認められる場合

公開買付け等の実施に関する事実の情報受領者がその伝達を受けた後、相当の期間が経過しても公開買付者等により当該事実が公表されない場合には、伝達を受けた情報の価値は劣化しており、情報受領者が過去に伝達を受けた当該事実に基づいて投資判断することは想定されにくいものと考えられる。

このため、改正法では、特定公開買付者等関係者であって公開買付者等の役員等以外の者[34]、または、特定公開買付者等関係者から公開買付け等の実施に関する事実の伝達を受けた者（特定公開買付者等関係者を除く）が株券等の買付けをする場合に、①特定公開買付者等関係者にあっては、公開買付け等の実施に関する事実を、伝達によりあるいは契約締結・交渉等に関し知った日から、②特定公開買付者等関係者から伝達を受けた者にあっては、当該伝達を受けた日から、6カ月[35]が経過している場合[36]にはインサイダー取引規制を適用除外することとされている（167条5項9号)[37]。

---

33 公開買付け等の実施に関する事実は、公開買付者等の決定事実であるため、その事実を伝達されたにすぎない情報受領者は、当該事実の真実性を知り得る立場にない。このため、公開買付開始公告および公開買付届出書に明示・記載すべき内容は、伝達を受けた内容となる。

34 公開買付者等関係者のうち、公開買付者等の役員等が職務に関して公開買付け等の実施に関する事実を知った場合には、その後6カ月にわたり当該事実の存否がわからないという事態が生ずる可能性は類型的に低く、また、規制の潜脱的行為が行われる可能性もあることから、適用除外の対象としないこととされている。

35 実務上、公開買付け等の実施の決定から公表までの期間はおおむね6カ月以内であること、また、公開買付け等の実施の決定から実際に伝達を行うまでに一定の検討期間が存在し得ること等を踏まえると、伝達を受けてから6カ月が経過しても当該決定が未公表の場合には、通常、伝達を受けた情報は、投資判断を行う上での有用性を失っているものと考えられる。

36 複数回の伝達を受けた場合や、契約の締結・交渉等にあたって複数回にわたり公開買付け等の実施に関する事実を知った場合には、最後に伝達を受けた日または最後に当該事実を知った日から6カ月が経過していることが必要となる。

37 会社関係者を対象としたインサイダー取引規制（166条）についても同様の適用除外を設けるか否かが論点となり得るが、公開買付け等事実と異なり上場会社等の重要事実については多様な類型があり、不正な利用目的が想定されないと認められる合理的な期間を類型的に法定することは難しいほか、四半期報告書や有価証券報告書等によって定期的な情報開示の枠組みもあること等から、同様の適用除外規定は設けられていない。

なお、改正前においては、職務等に関し公開買付け等事実を知った公開買付者等関係者は、公開買付者等関係者でなくなった後においても、1年間は引き続きインサイダー取引規制の適用対象とされていたが、この適用除外規定の新設に併せ、公開買付者等関係者でなくなった後6カ月を経過すれば規制の対象から除外することとされている（167条1項後段）。

4　施行日

　上記3の改正については、改正法の公布（平成25年6月19日）後1年以内の政令で定める日から施行することとされており、平成26年4月1日から施行されている。

（さいとう　まさひこ）
（たき　たくま）
（かみじま　まさみち・やまべ　こうたろう）

投資法人の資金調達・資本政策手段の多様化等

前金融庁総務企画局市場課課長補佐　有賀正宏
金融庁総務企画局企業開示課開示企画調整官　大谷　潤
弁護士（前金融庁総務企画局企業開示課専門官）　大矢和秀
金融庁総務企画局市場課課長補佐　小長谷章人
弁護士（前金融庁総務企画局市場課専門官）　菅原史佳
金融庁総務企画局企業開示課専門官　谷口達哉
弁護士（前金融庁総務企画局市場課専門官）　谷本大輔
金融庁総務企画局企業開示課専門官　樋口　彰
金融庁総務企画局市場課課長補佐　御厨景子

1 はじめに

　金融担当大臣による金融審議会に対する諮問に基づき、金融審議会金融分科会に平成24年3月に設置された「投資信託・投資法人法制の見直しに関するワーキング・グループ」において、①投資信託については、国際的な規制の動向や経済社会情勢の変化に応じた規制の柔軟化や一般投資家を念頭に置いた適切な商品供給の確保等、②投資法人については、資金調達手段の多様化を含めた財務基盤の安定性の向上や投資家からより信頼されるための運営や取引の透明性の確保等の観点から、投資信託・投資法人法制の見直しについての検討が行われ、同年12月に「投資信託・投資法人法制の見直しに関するワーキング・グループ最終報告」（以下「WG最終報告」という）が取りまとめられた（なお、WG最終報告は、平成25年2月に金融審議会総会・金融分科会合同会合において報告・承認されている）。

　本稿においては、平成25年6月19日に公布された「金融商品取引法等の一部を改正する法律」（平成25年法律第45号。以下「改正法」という）に盛り込まれた金融商品取引法（以下「金商法」という）および投資信託及び投資法人に関する法律（以下「投信法」という）の改正（以下「本改正」という）された事項のうち、WG最終報告を受けて見直された投資法人の資金調達・資本政策手段における多様化をはじめとする施策に関する改正事項に加え、大量保有報告制度および公開買付制度の一部緩和についても概説する。

　なお、本稿の意見にわたる部分は筆者の個人的見解である。

2 投資信託に係る制度改正

(1) 総　論

　第1に、改正法による改正前の投信法では、投資信託の重大な約款の変更

および投資信託の併合を行う場合、当該投資信託の受益者による書面決議が必要であるとされている。しかし、受益者が多数の公募投資信託における同制度の実施には実務的な困難もあることから、本改正では、①書面決議を要する投資信託の併合の範囲の見直し、②書面決議の受益者数要件の撤廃、および③書面決議につき反対した受益者(以下「反対受益者」という)による受益権買取請求制度の見直しを行った。

第2に、運用報告書は受益者の投資判断にあたって重要な情報を掲載していることから、運用状況を適切に把握するための情報が受益者にとって理解しやすい形で提供されることが重要である。そのため、本改正では、運用報告書とは別に運用状況に関するきわめて重要な事項を記載した書面を作成し、当該書面は原則として書面で受益者に交付する一方で、運用報告書については、投資信託約款に一定の規定を置いた場合、受益者の個別の承諾を得ずとも電磁的方法による提供により交付できることとした。

第3に、現行実務上、いわゆる「追加型」と呼ばれる投資信託受益証券の募集等を行う場合、有価証券届出書の提出者である投資信託委託会社等は、継続開示書類である有価証券報告書および発行開示書類である有価証券届出書を、定期的にかつ同時期に提出することが通例となっている。しかし、これらの開示項目の多くは重複しているため、提出者への負担や投資家へのわかりづらさ等が指摘されている。本改正では、これらの重複開示の解消を図るため、投資信託受益証券等に係る有価証券届出書の提出の特例を定めた。

最後に、有価証券の売買等に係る金銭の授受の用に供することを目的として取得・保有される投資信託については、市場の急変等により投資信託の基準価額(投資信託受益権の1口当り純資産額)が元本である1口1円を割り込んだ場合、個人投資家の証券取引等への支障が生ずるおそれがある。そのため、本改正では、かかる投資信託に元本割れが発生した場合に投資信託委託会社が資金支援を行えるように、かかる投資信託の元本に生じた損失を補塡する場合を、損失補塡の禁止の例外とすることとした。

(2) **受益者書面決議制度の見直し**

a 書面決議を要する併合手続の見直し

投資信託(以下、特段の記載がない限り、(2)および(3)において「投資信託」とは委託者指図型投資信託を指すものとする)については、次々と新商品が投入されることで、投資信託の累増・小規模化を招き、運営コストが報酬を上回っている投資信託が多いと指摘されている。WG最終報告でも、改正法による改正前の投信法においては、投資信託の併合にあたり、常に併合するすべての投資信託において受益者による書面決議が必要とされていることにより、非効率な小規模投資信託を存続させ、ひいては経費率の上昇を通じて受益者の利益を害するおそれもあると指摘されている。

そのため、本改正では、投資信託の併合を促進する観点から、投資信託の併合が受益者の利益に及ぼす影響が軽微なものとして内閣府令に定めるものに該当する場合には、受益者による書面決議を不要とした(投信法17条1項かっこ書)。

なお、信託会社等(投信法3条柱書)が行う委託者非指図型投資信託(投信法2条2項)に係る業務にも本規定は準用されるため(投信法54条1項において17条を準用している)、委託者非指図型投資信託の併合が受益者の利益に及ぼす影響が軽微なものとして内閣府令に定めるものに該当する場合も、受益者による書面決議が不要となる。

一方、投信法59条においても、外国投資信託(投信法2条24項)の受益証券の発行者について同法17条1項(1号および3号を除く)を準用しているが、同法59条に定める読替規定によって、そもそも我が国投信法上は、当該発行者は、外国投資信託の併合に際して受益者による書面決議を得ることを要せず[1]、通知・公告義務を履行すれば足りることとされている。

---

1 外国投資信託の設定国法上、外国投資信託の併合につき書面決議を要するとされている可能性はある。その場合、我が国投信法上、必要とされている通知・公告義務に加えて、当該設定国法上必要とされている手続・要件に従って、書面決議が行われることとなる。

b　受益者数要件の撤廃

　改正法による改正前の投信法17条8項は、受益者による書面決議について受益者数要件（議決権を行使することができる受益者の半数以上の賛成が必要）を規定していた。

　これは、多数の議決権を有する少人数の大口投資者の利益が、その他大多数の小口投資者の利益と相反する場合において、小口投資者の利益を保護するためであると考えられる。しかしながら、投資信託においては、一般的な信託受益権と異なり、受益権が均等に分割され（投信法6条1項）、かつ議決権が受益権の口数に応じて付与される（投信法17条6項）ことに加え、運用の指図に係る権限は投資信託委託会社が担っており（投信法2条1項）、受益者の個性による影響はきわめて限定的であることから、大口投資者と小口投資者との利益相反が生ずること自体が基本的には考えにくい。

　そのため、受益者による書面決議について受益者数要件を撤廃することとし、議決権を行使できる受益者の議決権の3分の2以上に当たる多数の同意をもって決議できるものとした（投信法17条8項）。

　また、信託会社等が行う委託者非指図型投資信託に係る業務にも本規定は準用されることから（投信法54条1項は17条を準用している）、本改正により、委託者非指図型投資信託の書面決議についても、議決権を行使することができる受益者の半数以上の賛成がなくとも、議決権を行使できる受益者の議決権の3分の2以上に当たる多数の同意をもって決議できることとなる。

　一方、我が国投信法上、外国投資信託については、上記aのとおり書面決議制度が存在せず[2]、通知・公告義務を履行すれば足りることから、そもそも受益者数要件は問題とならない（投信法59条は17条8項を準用していない）。

c　受益者買取請求制度の見直し

　投信法18条1項は、反対受益者につき、受託者に対する受益権買取請求権

---

[2] 外国投資信託の設定国法上、書面決議制度が規定されていることは考えられるが、その場合は、当該設定国法上の書面決議要件に従うこととなる。

(以下「受益権買取請求権」という)を認めている。しかし、基準価額が毎日算出され、当該価額による償還が随時可能ないわゆるオープンエンド型投資信託においては、受益者は随時償還請求を行うことが可能なため、原則としては、受益権買取請求権を付与して投下資本の回収機会を追加的に設定しなくても反対受益者に与える不利益は乏しいと考えられる。

ただし、解約請求を行っても十分に投下資本の回収が行えないような投資信託についてまで受益権買取請求権を認めないとすると、反対受益者を害し得る。

そのため、①その信託期間中に、受益者が受益権について元本の全部または一部の償還を請求した場合、投資信託委託会社が投資信託契約の一部の解約をすることにより当該請求に応じる投資信託であり、かつ②受益者の保護に欠けるおそれがないものとして内閣府令で定める投資信託に限って、反対受益者に受益権買取請求権を認めないこととした(投信法18条2項)。

また、委託者非指図型投資信託にも投信法18条2項は準用されるため(投信法54条1項は18条を準用している)、①委託者[3]が委託者非指図型投資信託契約(投信法47条1項)の一部を解約することができる委託者非指図型投資信託であり、かつ②受益者の保護に欠けるおそれがないものとして内閣府令に定める委託者非指図型投資信託については、反対受益者に対して受益権買取請求権は認められないこととなる。

一方、我が国投信法上、外国投資信託についてはそもそも受益権買取請求制度自体が認められていない(投信法59条は18条2項を準用していない)[4]。

(3) 運用報告書制度の見直し

WG最終報告において、投資信託の受益者に交付される運用報告書は、受益者の投資判断にあたって重要な情報を掲載しているものであるが、数百頁

---

[3] 委託者非指図型投資信託においては、常に委託者と受益者が一致する(投信法51条参照)。

[4] 外国投資信託の設定国法上、反対受益者による受益権買取請求制度が規定されていることは考えられるが、その場合は、当該設定国法上の買取請求手続に従うこととなる。

にも及ぶこともあり、情報の取捨選択が困難であるとともに、書面での交付が原則であるため、投資信託委託会社には多大なコストが発生していると指摘されている。そのため、改正法では運用報告書につき以下の改正を行った。

a　交付運用報告書制度の導入

本改正では、投資信託委託会社に対し、運用報告書とは別に、運用報告書のうちきわめて重要な事項を記載した書面（いわゆる交付運用報告書）を作成し、投資信託の受益者に交付することを新たに義務付けることとした（投信法14条4項）。

ただし、同条1項各号に定める場合（例えば、投資信託の勧誘が適格機関投資家私募（投信法4条2項12号）により行われ、かつ当該投資信託の委託者指図型投資信託約款において運用報告書を交付しない旨を定めている場合）には、交付運用報告書を受益者に交付しなくとも受益者の保護に欠けるおそれがないと考えられることから、当該書面作成・交付義務の対象外とした（投信法14条4項ただし書）。

なお、交付運用報告書の交付については、投信法5条2項の規定を準用することとし、受益者の個別の同意を得ることによって、電磁的方法による交付を行うことができる（投信法14条5項）。

また、投資信託委託会社は、交付運用報告書を作成した場合、遅滞なく内閣総理大臣に届け出なければならない（投信法14条6項）。

b　運用報告書の交付方法の変更

一方、運用報告書については、原則は書面により交付する必要があるものの（投信法14条1項）、委託者指図型投資信託約款において電磁的方法により提供することを定めている場合には、受益者の個別の承諾を得ることなく、電磁的方法（詳細については内閣府令において新たに定めることとなるが、例えば、投資信託委託会社のホームページに掲載することなどが検討されている）によって提供できることとした（投信法14条2項）。

ただし、インターネットの活用が困難な受益者が存在することも踏まえ、

委託者指図型投資信託約款において電磁的方法による提供を規定している投資信託についても、受益者から請求があった場合には、運用報告書を書面で交付しなければならないこととした（投信法14条3項）。

c　委託者非指図型投資信託および外国投資信託に係る運用報告書の取扱い

委託者非指図型投資信託、外国投資信託についても、上記aおよびbの規定は準用される（投信法54条1項および59条は、それぞれ14条を準用している）。

(4) 投資信託受益証券等に係る有価証券届出書の提出の特例

現行実務上、継続して投資信託の受益証券（金商法2条1項10号）等の特定有価証券の募集または売出しを行っている[5]場合、有価証券届出書の提出者である投資信託委託会社等は、継続開示書類である有価証券報告書を定期的（一般的には1年ごと）に提出するとともに、同時期に発行開示書類である有価証券届出書を提出することが通例となっている。これにより、有価証券報告書において開示される最新の運用資産の情報等が、有価証券届出書にも記載されることになり、投資家に対してはこれらの情報が提供された上で投資勧誘が行われることになる。

その一方で、上記の有価証券報告書と有価証券届出書は、有価証券届出書において記載が求められる「募集又は売出しに関する事項」（金商法5条5項において準用する同条1項1号。いわゆる「証券情報」）を除くと、開示項目は基本的に重複している（金商法5条5項の準用する同条1項2号および24条5項の準用する同条1項ならびに特定有価証券の内容等の開示に関する内閣府令の定める各様式参照）。このような重複開示により、提出者に負

---

[5] 特定有価証券（金商法5条1項）の中には、資産運用のための資金調達を常時行うために、継続して募集等を行っているものが存在する。このような特定有価証券は、一般的には、資産運用の対象を主に有価証券等の流動性のある資産とすることで、投資者から預託された資金を直ちに資産運用に充てるとともに、特定有価証券を随時発行することができるという性質を有しており、いわゆる「追加型」と呼ばれることがある。

このような特定有価証券は、投資信託の受益証券（金商法2条1項10号）のほかに、受益証券発行信託の受益証券（同項14号）および信託の受益権（同条2項1号）等の特定有価証券にもみられる。

担が生じていることに加え、投資家にとってわかりづらい場合がある等の指摘がなされている。

　以上の指摘を踏まえて、投資信託受益証券等に係る有価証券届出書の提出の特例として、金商法５条10項から12項までおよび７条３項から５項までを新設した。

　具体的には、下記ａおよびｂのとおり、一定の性質を有する特定有価証券に関して、有価証券報告書と併せて証券情報を記載した書面（「募集事項等記載書面」）を提出するなど、所定の継続開示書類を提出した場合には、発行開示書類である有価証券届出書（下記ａの場合）またはその訂正届出書（下記ｂの場合）を提出したものとみなすことで、発行開示書類と継続開示書類との間の重複開示の解消を図っている。これにより、提出者の負担軽減が図られるとともに、投資者にとってわかりやすい情報提供の仕組みとなることが見込まれる。

ａ　金商法５条10項から12項まで

　これらの新設規定では、投資信託受益証券等の特定有価証券について、一定期間継続して募集または売出しが行われている等の要件を充たした場合、有価証券届出書を提出する代わりに、証券情報を記載した募集事項等記載書面を有価証券報告書と併せて提出したときに、有価証券届出書を提出したものとみなすこととしている。

ｂ　金商法７条３項から５項まで

　これらの新設規定では、有価証券届出書の訂正届出書の提出が必要となる場面を対象としている。具体的には、上記ａの規定の適用を受けた有価証券届出書の提出者（「特定有価証券等届出書提出会社」）が、①上記ａにおいて提出した有価証券報告書の訂正報告書を提出した場合（金商法７条３項）、②半期報告書（対象となる有価証券の特定期間が６月を超えない場合にあっては、有価証券報告書。以下「半期報告書等」という）を提出した場合（金商法７条４項）、③当該半期報告書等の訂正報告書を提出した場合（金商法７条５項）には、それぞれ、各報告書を提出したことをもって、（上記ａに

おいて提出したとみなされた）有価証券届出書の訂正届出書を提出したものとみなすこととしている。

(5) 決済用投資信託に係る損失補塡禁止の適用除外拡大

有価証券の売買等に係る金銭の授受の用に供することを目的として取得・保有されるものとして内閣府令で定める投資信託（以下「決済用投資信託」という）については、市場の急変等により基準価額が1口1円を割り込んだ場合、有価証券の売買等に係る金銭の授受に伴う決済用投資信託の追加設定・一部解約の即時処理が不可能となり、即時換金性が失われるため、個人投資家の証券取引等への支障が生ずるおそれがある。

そのため、本改正では、決済用投資信託の基準価額が元本である1口1円を割り込むような事態が発生した場合に、投資信託委託会社が資金支援を行い、基準価額を1口1円に維持することを可能とするべく、決済用投資信託の元本に生じた損失を補塡する場合[6]を、損失補塡の禁止の例外とすることとした（金商法42条の2第6号）。

なお、どのような投資信託が決済用投資信託に該当するかについては、内閣府令で定めることとなるが、証券総合口座内の滞留資金の一時運用に利用されるいわゆるMRF（マネー・リザーブ・ファンド）は含まれることが予定されている。

---

[6] 例えば、保有債券の突発的な価値の下落等が発生した場合に、投資信託委託会社が当該債券を債券の取得価額、償還額、償還までに得られる利息等を元にした理論価格で購入することなどが考え得る。

❸ 投資法人に係る制度改正

(1) 資金調達・資本政策手段の多様化

a　総　論

　投資法人の発行する有価証券は通常、不動産等の安定的なキャッシュフローを生み出す原資産に裏付けられた金融商品ではあるものの、実際には、金融・資本市場の影響を大きく受けており、リーマンショック時には、資金調達手段の制約等の財務上の課題が顕在化し、金融・資本市場の影響を受けた金融機関の貸出姿勢の変化が資金繰りに大きく影響したほか、投資口価格のボラティリティが拡大し投資家の投資姿勢の萎縮を招いた。こうしたことから、投資法人には諸外国のREITと比べて資金調達・資本政策手段に制約が多いと指摘されることも踏まえつつ、本改正ではその多様化を図ることとされた。

　具体的には、投資法人においては、みなし賛成制度（投信法93条）が導入されているため、その簡素なガバナンスの仕組みを前提として、投資家間の公平性を害するおそれの低い資金調達・資本政策手段と考えられる、①投資主との合意による自己の投資口の取得、②ライツオファリング実施のための新投資口予約権に係る規定の整備、および③出資総額等からの控除による損失の処理の各制度が導入されることとなった。

b　投資主との合意による自己の投資口の取得

　改正法による改正前の投信法においては、投資法人は合併後消滅する投資法人から承継する場合等の限られた場合を除いて、自己の投資口の取得は認められていない。投資法人においては、理論上その運用資産（例えば、不動産）から算出される純資産価額が投資口価格を基礎付けると考えられるが、実際の投資口の市場価格は、一般上場企業の株式と同様に金融・資本市場の影響を受け、純資産価額と乖離している場合がある。しかし、前述のとおり

投資法人による自己の投資口の取得は限定的にしか認められておらず、金融・資本市場の影響を緩和する手段に乏しい。取引所に上場されているJ-REITの投資口の流通実態を踏まえれば、株式会社と同様に需給関係の調整の必要性が生ずる場合があると考えられることから、自己の投資口の取得制限を緩和する必要があるとの指摘がなされていた。

そこで、自己の投資口を取得できる場合として、その資産を主として政令で定める特定資産に対する投資として運用することを目的とする投資法人が、投資主との合意により当該投資法人の投資口を有償で取得することができる旨を規約で定めた場合（投信法80条1項1号）を追加することとされた。

ただし、投資主との合意による自己の投資口の取得を解禁することで、取得方法によっては投資主間の不平等等の弊害が発生するおそれがあることから、株式会社に認められている特定株主からの自己株式の取得に相当する特定投資主からの自己投資口の取得については引き続き禁止すること（投信法は会社法160条等に相当する規定を置いていない）、インサイダー取引規制を導入すること、規約の定めを要することとすること（投信法80条1項1号）により、投資主間の公平性を保つこととされた。

また、今回緩和する自己の投資口の取得は1投資口当りの分配金の向上を通じた投資主への還元のための手段であり、株式会社における「金庫株」のような扱いは想定していないことから、当該取得の目的を達成するため、取得した自己の投資口の消却が可能とされた（投信法80条2項）。

具体的な取得の手続については、会社法における自己の株式の取得に係る規定を踏まえた規定が投信法に置かれた。会社法においては、自己の株式を取得する場合に株主総会の決議によって定めるべき事項を規定し（会社法156条）、当該株主総会決議に従って自己の株式を取得する場合に取締役会等で定めるべき事項を規定しているところ（会社法157条）、投信法においては、自己投資口の取得に規約の定めを要するとされたことを踏まえ、投資口の取得に関する事項の決定は役員会の決議によるものとされ（投信法80条の

2第3項)、会社法156条および157条の規定する事項に相当する事項の決定に関する規定が置かれた。なお、投資法人においては、金銭以外の財産による投資口の払戻しや分配が認められていない（投信法125条、137条）ことを踏まえ、自己の投資口の取得対価の交付についても金銭に限定することとされた（投信法80条の2第1項2号）。また、投資法人が、取引所金融商品市場における取引または公開買付けの方法（市場取引等）により、自己の投資口を取得しようとするときは、取得の都度、役員会において取得に関する事項を決定するのではなく、投信法80条の2第1項各号に掲げる事項（2号に規定される投資口1口を取得するのと引換えに交付する金銭の額またはその算定方法を除く）をあらかじめ役員会で決議し、1年を超えない範囲で投資口を取得することができる期間を定めることができることとされ、その決議の範囲内においては、役員会から授権を受けた執行役員の決定により、個別の市場取引等を執行できることとされた（投信法80条の5第1項・2項）。なお、自己の投資口の取得については、投資法人の資本政策の一環であり運用業務ではないことから、当該取得に関して投資法人が資産運用会社に運用業務として委託することは想定されていない。

　投資法人の自己の投資口の取得を無制限に許容することは、債権者保護の観点から適当でない。金銭の分配に関しては、純資産額から基準純資産額（投信法124条1項3号、同法施行令90条）を控除した金額が上限とされており、またそれに違反した場合には金銭の分配に関する責任（投信法138条）および投資主に対する求償権の制限等（投信法139条）が規定されていることを踏まえ、自己の投資口の取得に関しても同様にその取得の上限額を定め、それに違反した場合に関する規定を置くため、自己の投資口の取得を金銭の分配とみなして、これらの規定を適用することとされた（投信法80条の2第2項）。

c　ライツオファリング実施のための新投資口予約権に係る規定の整備

　改正法による改正前の投信法において、投資法人の増資による資金調達手法は、投資口を引き受ける者の募集の方法による場合（公募増資等）に限っ

て規定されており（投信法82条）、投資法人において、株式会社における新株予約権に相当する枠組みは存在しなかったため、株主に対する新株予約権無償割当てに相当する方法による資金調達は実施することができなかった。

　本来、投資法人においてはその資産運用の対象資産（例えば、不動産）等から算出される純資産価額が投資口の価格を基礎付けると考えられるが、上場投資法人の投資口の市場価格は、金融・資本市場の影響を受け、純資産価額と乖離している場合がある。投資法人が公募増資等により資金を調達する場合、公正な金額（投信法82条6項）による増資が求められているところ、当該金額は、原則として、払込金額決定前の発行済投資口の市場価格に近接していることが必要であるとされている[7]。そのため純資産価額と大きく乖離した価格での公募増資等となる場合もあり得る。この場合、既発行投資口が希釈化し、当該増資の引受を行わない既存投資主の権利への影響が大きく公平性を欠くとして、事実上公募増資等が困難になるおそれもあるため、既存投資主の利益にも配慮した増資手法が求められていた。

　この点に関し、株式会社における新株予約権に相当する新投資口予約権の制度を導入することで、既存の投資主全員に対し、投資口保有割合に応じて無償で新投資口予約権を割り当てることで増資に応募する機会を平等に確保しつつ、その応募を望まない投資主に関しては、割り当てられた当該新投資口予約権の売却等により当該投資主に対する影響を経済的に緩和する機会を確保した増資の実施が可能となる。このように、投資主利益に配慮した増資手法が確保されることから、資金調達手段の多様化の手法として、新投資口予約権の枠組みを投資法人についても導入することとされた。

　新投資口予約権の枠組みは、基本的には株式会社における新株予約権に相当するものとされているが、その導入の目的がライツオファリングを可能ならしめるところにあることを踏まえ、例えば以下については、会社法における新株予約権と異なる扱いとされている。

7　東京地決平22.5.10（金判1343号21頁）。

① 新投資口予約権の募集による発行は認めず、新投資口予約権無償割当てによる発行に限定されていること（投信法88条の4第1項）
② 長期間にわたって新投資口予約権が存在すると潜在投資口の存在により既存投資主の将来収益の予想を困難にするなどの問題が生ずるおそれがあることから、その行使可能期間がライツオファリング実施に必要十分と考えられる期間（当該新投資口予約権無償割当てがその効力を生ずる日から3カ月以内）に限定されていること（投信法88条の4第2項）
③ 投資口には譲渡制限を付すことができないこととなっている（投信法78条2項）上、新投資口の引受を望まない投資主が新投資口予約権の売却により経済的不利益を回避する機会を担保する必要があることから、新投資口予約権についても譲渡制限を付すことができないこととされていること（投信法88条の6第2項）
④ 投資法人においては、現物出資（投信法71条9項、82条1項2号）および金銭以外の財産による投資口の払戻しや配当（投信法125条、137条）が認められていないことから、新投資口予約権行使時の払込み（投信法88条の2第2号）および新投資口予約権の取得対価の交付（投信法88条の2第4号ニ）についても同様に金銭に限定されていること
⑤ 投資法人において投資口の募集事項の決定が役員会決議事項であること（投信法82条）を踏まえ、新投資口予約権無償割当ての決定に関しても役員会決議事項とされていること（投信法88条の14第3項）

d 出資総額等からの控除による損失の処理

改正法による改正前の投信法においては、投資法人の出資総額は、投資口の分割もしくは併合時の端数処理に伴う端数投資口の払戻し、投資主の請求による投資口の払戻し、または利益超過分配の場合に減少することとされていた。

利益は分配するか出資総額に組み入れることで処理が可能であるのに対して、損失が生じた場合は出資総額等から控除することができないため処理方法がなく、損失が存在すると投資主に帰属する純資産額と出資総額等の額と

に乖離が生ずることとなる。そこで、その乖離を是正することができるよう出資総額等からの控除による損失の処理が可能とされた。

　出資総額等からの控除による損失の処理は、発生した損失を出資総額等と計数上相殺することにより乖離を是正するものであり、このような損失の処理を行った場合でも、会計上の処理にすぎず、投資法人から直ちに資金が流出するものではない。加えて、当該処理の前後で純資産額、発行済投資口総口数および１投資口当り純資産額に変化はないという点において、投資法人の財産に直接影響を与えるものではなく、また、投資法人においては、基準純資産額（投信法124条１項３号）の維持を通じて債権者保護を確保することが想定されていることから、新たな債権者保護手続は整備されていない。

(2) インサイダー取引規制の導入

a 総論

　改正法による改正前の金商法においては、投資法人が発行した投資証券等の取引は原則としてインサイダー取引規制の対象外とされていた。しかしながら、実際には、いわゆるスポンサー企業の変更、公募増資、大口テナントの退去等に際して、投資法人によるこれらの情報の公表を受けて投資証券の価格や売買高が変動した事例も見られる。そのため、こうした情報を知り得る立場にある者が、当該情報を知ってその公表前に投資証券等の取引を行うことは、証券市場の公正性・健全性に対する投資家の信頼を害するおそれがある。したがって、本改正においては、投資法人である上場会社等の会社関係者による投資証券等の売買等について、インサイダー取引規制を導入することとされた（金商法166条）。

b 会社関係者の範囲

　投資法人である上場会社等の「会社関係者」となる者の主な範囲は以下のとおりである（金商法166条１項）。

　① 投資法人である上場会社等、その資産運用会社または特定関係法人の役員等（同項１号）

②　投資法人である上場会社等の投資主、または当該上場会社等の資産運用会社もしくは特定関係法人に対して会計帳簿閲覧請求権等を有する株主等（同項2号・2号の2）

③　投資法人である上場会社等、その資産運用会社または特定関係法人に対する法令に基づく権限を有する者（同項3号）

④　投資法人である上場会社等、その資産運用会社または特定関係法人と契約を締結している者等であって、当該上場会社等の役員等以外のもの（同項4号）

⑤　②または④に掲げる者であって、法人であるものの役員等（当該法人等の他の役員等が、同項2号、2号の2または4号に定めるところにより当該上場会社等に係る業務等に関する重要事実を知った場合におけるその者に限る。同項5号）

　投資法人は、使用人を雇用することができず（投信法63条2項）、資産の運用に係る業務は資産運用会社に委託しなければならないため（投信法198条1項）、投資法人の唯一の営業である資産の運用に関して生ずる事実に関する情報は資産運用会社において取得、保有、管理されることが投信法上予定されていること等を踏まえ、資産運用会社の役員その他の者も会社関係者とすることとされた。

　また、投資法人の実際の運営を見ると、人員、ノウハウ、投資対象物件の提供等の面でいわゆるスポンサー企業が重要な役割を果たしている場合が多いところ、当該企業の中には、資産運用会社との資本関係や、特定資産の価値に影響を及ぼす特定資産に関する取引関係を通じた影響力を背景として、資産の運用等に関する事実に係る情報を容易に取得し得る特別の立場にある者が存在すること等を踏まえ、特定関係法人（金商法166条5項）の役員その他の者も会社関係者とすることとされた。具体的には、特定関係法人は、以下のいずれかに該当する者とされた。

①　上場投資法人等の資産運用会社を支配する会社として政令で定めるもの（同項1号）

② 上場投資法人等の資産運用会社の利害関係人等（投信法201条1項）のうち、当該資産運用会社が当該上場投資法人等の委託を受けて行う運用の対象となる特定資産の価値に重大な影響を及ぼす取引を行い、または行った法人として政令で定めるもの（同項2号）

ｃ　業務等に関する重要事実

投資法人である上場会社等の業務等に関する重要事実は以下のとおりである（金商法166条2項9号～14号）。

(a)　投資法人である上場会社等の決定事実（同項9号）

投資法人である上場会社等の業務執行を決定する機関が、以下の各事項を行うことについての決定をしたことまたは当該機関が当該決定（公表がされたものに限る）に係る事項を行わないことを決定したこと。

・　資産の運用に係る委託契約の締結またはその解約
・　投資口を引き受ける者の募集
・　投資口の分割
・　金銭の分配
・　合併
・　解散（合併による解散を除く）

(b)　投資法人である上場会社等の発生事実（同項10号）

投資法人である上場会社等に以下の各事実が生じたこと。

・　災害に起因する損害または業務遂行の過程で生じた損害
・　特定有価証券の上場の廃止の原因となる事実等

(c)　投資法人である上場会社等の決算情報等に係る予想値等の差異の発生（同項11号）

投資法人である上場会社等の営業収益、経常利益または純利益等について公表がされた直近の予想値等に比較して当該上場会社等が新たに算出した予想値等において差異が生じたこと。

(d)　投資法人である上場会社等の資産運用会社の決定事実（同項12号）

投資法人である上場会社等の資産運用会社の業務執行を決定する機関が、

当該資産運用会社について、以下の各事項に掲げる事項を行うことについての決定をしたことまたは当該機関が当該決定（公表がされたものに限る）に係る事項を行わないことを決定したこと。

- 上場会社等から委託を受けて行う資産の運用であって、当該上場会社等による特定資産の取得もしくは譲渡または貸借が行われることとなるもの
- 上場会社等と締結した資産の運用に係る委託契約の解約
- 株式交換
- 株式移転
- 合併
- 解散（合併による解散を除く）

(e) 投資法人である上場会社等の資産運用会社の発生事実（同項13号）

投資法人である上場会社等の資産運用会社に、以下の各事実が生じたこと。

- 金融商品取引業の登録取消し、資産の運用に係る業務の停止の処分等
- 特定関係法人の異動
- 主要株主の異動

(f) 同項9号〜13号に掲げる事実を除き、投資法人である上場会社等の運営、業務または財産に関する重要な事実であって、投資者の投資判断に著しい影響を及ぼすもの（同項14号）

投資法人である上場会社等が決定等した事実および当該上場会社等に発生した事実が、当該上場会社等の業務等に関する重要事実となることに加えて、前述したように、資産の運用に関する事実が資産運用会社において取得、保有または管理されることが投信法上予定されていること等を踏まえ、資産の運用に係る業務そのものや資産の運用に影響を及ぼし得る範囲において、当該上場会社等の資産運用会社が決定した事実および当該資産運用会社に発生した事実も、当該上場会社等の業務等に関する重要事実とされている。

なお、(a)～(e)については法律で規定した事実に準ずる重要事実を政令において、重要事実に関する軽微基準または重要基準を内閣府令で定めることとされている。

d 公表の主体

上記cのとおり、本改正においては、投資法人である上場会社等に関する事実のみならず、当該上場会社等の資産運用会社に関する事実も、当該上場会社等の業務等に関する重要事実とされたが、これらの事実が「公表がされた」こととなる公表を行う主体については、当該事実の区分に応じ、以下のとおり定められている（金商法166条4項）。

① 投資法人である上場会社等の決定事実（上記c(a)）および決算情報等に係る予想値等の差異の発生（上記c(c)）については、上場投資法人等（投資法人である上場会社等。同項2号）

② 投資法人である上場会社等の資産運用会社の決定事実（上記c(d)）については、上場投資法人等の資産運用会社（同項3号）

③ その他の重要事実（上記c(b)、(e)および(f)）については、上場投資法人等またはその資産運用会社（同項4号）

インサイダー取引規制を解除する要件となる「公表がされた」については、一般投資家において会社関係者等といわば対等の立場で投資判断を行うことができるだけの事実が公表されていることが必要[8]とされていること等を踏まえ、前述のとおり重要事実の区分に応じて、一般投資家において会社関係者等といわば対等の立場で投資判断を行うことができるだけの信頼に足る公表を行い得る立場にある者を公表の主体として定めることとされた。

e 売買等に関する報告書の提出義務等の導入

投資法人である上場会社等の役員およびその資産運用会社の役員が、その職務等により取得した秘密を不当に利用することを防止するため、売買等に関する報告書の提出および短期売買利益の返還等を義務付けることとされた

---

[8] 横畠裕介『逐条解説インサイダー取引規制と罰則』130頁（商事法務研究会、1989年）。

（金商法163条～165条）。

　なお、投資法人である上場会社等の投資主や当該上場会社等の資産運用会社の主要株主は、これらの義務を負う主体として規定されていない（金商法163条1項参照）。

f　公開買付者等関係者によるインサイダー取引規制の導入

　投資証券等が公開買付者等関係者によるインサイダー取引規制の対象となっていないこと等を踏まえ（金商法167条1項、同法施行令33条）、公開買付者等関係者によるインサイダー取引規制を、政令以下で導入するために必要な法改正を行うこととされた（金商法167条5項3号等）。

(3)　その他の施策

a　簡易合併要件の見直し

　改正法による改正前の投信法においては、投資法人間の吸収合併の場合、吸収合併消滅法人の投資主に割り当てる吸収合併存続法人の投資口の総口数が発行可能投資口総口数（当該吸収合併存続法人が発行することができる投資口の総口数）から発行済投資口の総口数を控除した口数の範囲内であれば、吸収合併存続法人における投資主総会の決議は不要（以下「簡易合併」という）とされていた（改正法による改正前の投信法149条の7第2項）。この場合、当該合併が吸収合併存続法人の財務内容へ与える影響にかかわらず、簡易合併が認められるため、吸収合併存続法人の既存の投資主の利益が害されるおそれがある。

　そこで、投資法人の運営の効率性に配慮しつつ、あらかじめ明示された基準に基づき既存の投資主の利益の保護を図る観点から、会社法における株式会社の簡易合併制度を踏まえ、吸収合併消滅法人の投資主に割り当てられる吸収合併存続法人の投資口の総口数が合併前の吸収合併存続法人の発行済投資口総口数に対して、5分の1以下の場合には、吸収合併存続法人について吸収合併契約の投資主総会の決議が不要となるように、簡易合併の要件が変更された（投信法149条の7第2項）。

b　利害関係人等との重要な取引に係る役員会同意の義務付け

　投信法上、登録投資法人は、資産運用会社にその資産の運用に係る業務の委託をしなければならないとされており（投信法198条1項）、委託先である資産運用会社は運用資産の取引について一定の裁量を有する。また、投資法人と、その資産運用会社の利害関係人等との間で一定の取引が行われた場合、当該資産運用会社は投資法人等への報告義務を負うことが規定されている（投信法203条2項）。しかしながら、当該報告は事後に行えば足りるため、資産運用会社の親会社等のいわゆるスポンサー企業が、投資対象物件の供給等の局面において投資法人の運営に対する重大な影響力を有するという実態にかんがみると、投資主の利益を害する取引を必ずしも抑止できていないおそれがあるとの指摘がなされてきた。

　そこで、本改正においては、資産運用会社が投資法人の委託を受けて資産の運用を行う場合において、当該投資法人と当該資産運用会社の利害関係人等（投信法201条1項）との間で、不動産等の取得、譲渡または貸借の取引が行われることとなるときは、当該資産運用会社は、あらかじめ、当該投資法人の同意を取得しなければならないことが規定された（投信法201条の2第1項）。そして、投資法人が、この同意を与えるにあたっては、当該投資法人の役員会の承認を受けなければならないことが規定された（同条2項）。他方、当該投資法人の資産に及ぼす影響が軽微であると認められる取引まで事前同意の対象とする必要性は乏しいことから、当該事前同意の取得を必要としない軽微な取引を内閣府令において定めることとされた。

c　海外不動産取得促進のための過半数議決権保有制限の見直し

　改正法による改正前の投信法においても、投資法人が、海外不動産の現物を直接取得することは禁止されていない。他方、法人の株式の議決権の過半数を保有することは禁止されていた（改正法による改正前の投信法194条、過半数議決権保有制限）ため、非居住者による不動産投資につき規制がある国等において、当該国に設立した法人に不動産を保有させ、投資法人がこの法人の株式の過半を保有するといった方法による海外不動産の間接取得を行

うことができず、事実上海外不動産の取得が困難となっている例があるとの指摘があった。本改正においては、登録投資法人が国外の特定資産について、当該特定資産が所在する国の法令の規定その他の制限により、不動産の取得もしくは譲渡、貸借または管理の委託の取引をすることができないものとして政令で定める場合に、過半数議決権保有制限の例外を認めることとされた（投信法194条２項）。当該政令で定める場合において、過半数議決権を取得することができる株式は、「専らこれらの取引を行うことを目的とする法人」の発行する株式に限られる。

d　投資口発行差止請求制度の導入

　会社法においては株式の発行が著しく不公正な方法により行われる場合等における株式の発行の差止請求が認められているのに対し（会社法210条）、改正法による改正前の投信法においては、かかる株式発行差止請求に関する条項（同条）が準用されていなかったため、投資口の発行条件が公正な金額でない場合等においても、同条を根拠とする投資口の発行差止請求をすることができなかった。また、会社法360条（株主による取締役の行為の差止め）の準用規定（投信法109条）を根拠として投資主が行った差止請求を認容した裁判例がある[9]が、同種の事案は、株式会社であれば会社法210条の規定によって差し止めるのが通常である。今回の改正では、投信法84条１項において、会社法210条を新たに準用することとし、これにより投資口の発行が法令または規約に違反する場合や著しく不公正な方法により行われる場合には、投資主が投資法人に対し投資口の発行の差止めを請求することができることとされた。なお、自己投資口の処分は、内閣府令で定める一定の方法（上場されている投資口の場合、市場売却）によるという投信法固有の規律に従っており、投資口の発行に準じた手続が要求されていないことを踏まえ、本改正において自己投資口の処分は発行差止請求の対象として規定されていない。

9　前掲東京地決平22.5.10。

e　投資主総会開催に係る公告規制の緩和

　投資主総会の招集には、2カ月前までに公告を要する（投信法91条）が、これが投資主総会による機動的な意思決定を阻害しているとの指摘があることを踏まえ、「一定の日」および「その日以後、遅滞なく、投資主総会を招集する旨」を規約で定めた場合には、当該規約の定めに従って開催された直前の投資主総会の日から25カ月を経過する前に開催される投資主総会（当該規約の定めによらずに臨時に開催されるものも含む）について、2カ月前の招集公告が不要とされた。「一定の日」は、1回限りではなく、例えば2年程度の間隔で定期的に到来する日を定めることも可能である。

f　役員任期の合理化

　現行法における執行役員の任期は、旧商法の規定を踏まえ、2年を超えることができないとされている（改正法による改正前の投信法99条）。このため、役員選任を議題とする投資主総会を例えば毎回一定の曜日に開催しようとすれば、投資主総会を経るごとに徐々に役員の任期末日ひいては投資主総会開催日が前倒しされていくこととなり、実務上支障があるとの指摘があった。本改正においては、執行役員の任期が2年を超えることを可能とするため、一定の日およびその日以後、遅滞なく、投資主総会を招集する旨を規約で定めた場合には、投資主総会の決議によって、執行役員の任期を選任後2年を経過した日の翌日から30日以内に開催される執行役員の選任を議案とする投資主総会の終結の時までとすることができることとされた（投信法99条2項）。また、監督役員の任期についても同様に、4年を超えることを認めることとされた（投信法101条2項による99条2項の準用）。

4　その他の改正事項

(1)　公開買付制度の一部緩和

　金商法上、株券等所有割合が3分の1を超えることとなる市場外または立

会外取引による株券等の買付け等については、原則として公開買付けによることが義務付けられている（金商法27条の2第1項2号・3号）。

ただし、個々の買付け等が上記各号に該当しない場合であっても、短期間で一連の取得を行い、株券等所有割合が3分の1を超えるときには、脱法的な態様の取引を防止する観点から、当該一連の取得に含まれる株券等の買付け等につき、公開買付けによることが義務付けられている（金商法27条の2第1項4号、いわゆる「急速な買付け等」の規制）。

具体的には、以下の①〜③のすべてを充たす場合に、その中に含まれる「株券等の買付け等」（金商法27条の2第1項1号〜3号に該当するものを除く）は公開買付けによらなければならないこととされている。

① 3カ月以内に、株券等の総数の10％超の株券等の取得を行い、
② ①の取得のうち、株券等の総数の5％超の株券等の取得が、市場外（公開買付けを除く）または立会外取引によるものである場合であって、
③ 取得の後における株券等所有割合が3分の1超となる。

改正法による改正前の金商法上、上記②に掲げる要件（5％超要件）の該非判定においては、「公開買付けによるもの」以外のすべての市場外または立会外取引による取得分をカウントすることとされており、適用除外類型に該当する買付け等[10]による取得分についても、カウントに含めることとされていた。

したがって、市場内取引や適用除外類型に該当する買付け等を組み合わせたような場合、例えば、①適用除外類型に該当する買付け等により市場外で25％を取得し、その後3月以内に②市場内で9％を取得するような場合でも、いわゆる「急速な買付け等」の規制に抵触し、公開買付けが必要となってしまっていた。

このため、「市場内取引のみの場合や適用除外類型に該当する買付け等の

---

10 適用除外類型に該当する買付け等とは、金商法27条の2第1項ただし書および同法施行令6条の2第1項各号に規定される買付け等をいい、これらの買付け等については、金商法27条の2第1項各号に該当する場合であっても、公開買付けによる必要がないこととされている。

みの場合には規制に抵触せず、これらを組み合わせると規制に抵触することは、公開買付規制の趣旨に照らしてバランスを失しているのではないか」との指摘がなされていた。

　そもそも上記②に掲げる5％超要件は、「本来公開買付けによらなければならない買付け等による取得分が一定量以上含まれているか否か」を判別する機能を担うべきものであり、適用除外類型に該当する買付け等による取得分は、当該要件の該非判定においてカウントしないことが適当と考えられる。

　このため、本改正では、適用除外類型に該当する買付け等による取得分を、上記②に掲げる5％超要件においてカウントすべき取得分から除外することとしている（金商法27条の2第1項4号）。具体的には、適用除外類型に該当する買付け等を「適用除外買付け等」と定義した上で、当該「適用除外買付け等」を同項4号の「特定売買等による株券等の買付け等又は取引所金融商品市場外における株券等の買付け等」から除外することとしている。

(2) 大量保有報告制度の一部緩和

　改正法による改正前の金商法上は、①株券等保有割合が1％以上減少したことを提出事由とする変更報告書であって、かつ、②当該変更報告書に記載された株券等保有割合が5％以下であるものを既に提出している場合に限り、その後の変更報告書の提出が免除されることとされていた（改正法による改正前の金商法27条の25第1項ただし書）。

　したがって、例えば、株券等保有割合が5.3％であった大量保有者が、保有目的の変更を理由に変更報告書を提出し、その際に開示された株券等保有割合が4.8％であった場合には、その後の変更報告書の提出義務は免除されないこととされていた。

　この点について、「株券等保有割合が5％以下である旨の記載がある変更報告書を提出したにもかかわらず、その後も変更報告書の提出を求めることは、規制の目的にかんがみて過剰である」との指摘がなされていた。

そもそも大量保有報告規制の目的が、経営に対する影響力等の観点から重要な投資情報である上場株券等の大量保有（すなわち株券等保有割合が５％超であること）に係る情報を、投資者に対して迅速に提供することにより、市場の公正性・透明性を高め、投資者を保護することにあることからすれば、提出事由のいかんにかかわらず、提出事由の株券等保有割合が５％以下である旨の記載がある変更報告書を提出した後は、変更報告書の提出義務を免除することが適当と考えられる。

　このため、本改正では、変更報告書の提出義務が免除されるための要件として、株券等保有割合が１％以上減少したことを提出事由とする変更報告書であることを求める部分（上記①の要件に係る部分）を削除し、提出事由のいかんにかかわらず、株券等保有割合が５％以下であることが記載された変更報告書（上記②の要件を充たす変更報告書）を既に提出している場合には、その後の変更報告書の提出義務が免除されることとしている（金商法27条の25第１項ただし書）。

（ありが　まさひろ）
（おおたに　じゅん）
（おおや　かずひで）
（こながや　あきと）
（すがはら　ふみよ）
（たにぐち　たつや）
（たにもと　だいすけ）
（ひぐち　あきら）
（みくりや　けいこ）

金融商品取引法等の一部を改正する法律（平成25年法律第45号）の概要

平成26年5月21日　第1刷発行

　　　　編　者　一般社団法人金融財政事情研究会
　　　　発行者　小　田　　徹
　　　　印刷所　三松堂印刷株式会社

〒160-8520　東京都新宿区南元町19
発　行　所　一般社団法人 金融財政事情研究会
　　編集部　TEL03（3355）1721　FAX03（3355）3763
販　　売　株式会社きんざい
　　販売受付　TEL03（3358）2891　FAX03（3358）0037
　　　　URL http://www.kinzai.jp/

・本書の内容の一部あるいは全部を無断で複写・複製・転訳載すること、および磁気または光記録媒体、コンピュータネットワーク上等へ入力することは、法律で認められた場合を除き、著作者および出版社の権利の侵害となります。
・落丁・乱丁本はお取替えいたします。定価はカバーに表示してあります。

ISBN978-4-322-12558-0